テスティングの基礎理論

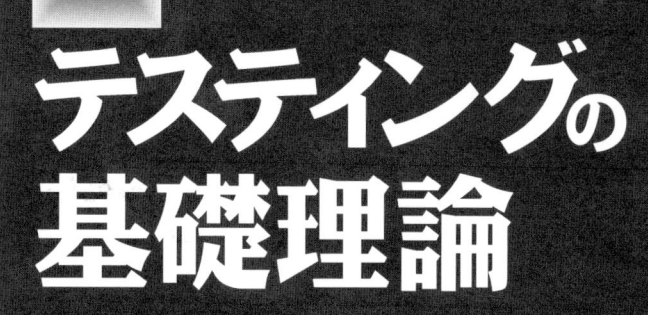

野口裕之＋大隅敦子 著
Hiroyuki Noguchi
Atsuko Osumi

研究社

はしがき

　本書は、心理・教育測定や外国語教育（日本語教育や英語教育など）の研究や実践場面でテストを用いる際に必要なテスティングの基本と最新理論とを広く網羅して解説するテスティングの解説書です。

　日本には、外国語教育、特に日本語教育の分野では言語テストの背後にある潜在特性や言語テストが測定しようとする構成概念などについて、どのようにモデル化すればよいかまで踏み込んだスティングの解説書がまだ少ないように思います。とくにテスト理論的な側面の基礎をきちんと記述し解説した言語テスト関係の解説書はほとんどありません。この両者を1冊の本の中に盛り込まんとして編んだのが本書です。日本語教育分野では初めての試みだと言えます。

　具体的な内容としては、心理学で「テスト理論」と呼ばれる、テスト開発に関係する開発手順や得点化・尺度化の理論に関して古典的なモデルから最新のモデルまでを理解するのに必要な基礎理論を解説するとともに、外国語教育で不可欠な大規模言語テストに関して、具体的に実施されているテストの概要、大規模言語テストの開発理論、および、それに関連して Can-do statements やパフォーマンス測定に関する問題、さらに CEFR（Common European Framework of Reference for Languages）に関して通常言及されることがない言語能力記述文尺度化の方法、さらに日本語教育に要請される学習者の母語と日本語との「距離」に関する考え方など、現実世界における「言語テスト」および、その周辺にある重要な事柄についても触れています。

　読者対象として、「言語テスト」に関して基礎から体系的に勉強したい大学院生・学部生や研究者などを想定しました。また、「テスト理論」に関して具体的な適用場面を意識しながら広く勉強したい大学院生・学部生や研究者も含まれます。テスト理論では基本事項でも数式が出てきますが、高等学校で学ぶ数学の基本事項で予備知識としては十分です。ですから、少し汗をかいていただく必要はあるかもしれませんが、学習意欲さえあれば十分理解できるように構成しました。

　さて、本書が形になるためには、多くの方々のお力添えがありました。小森和子先生（明治大学国際日本学部准教授）はこの本を出版することを提案下さり研究

社に紹介下さいました。研究社編集部の佐藤陽二さんは、それを受けて出版に尽力下さるとともに遅筆の著者たちの原稿が出来上がるのを我慢強く待って下さいました。このお二人のご尽力がなければこの本は形にはなりませんでした。ここに記して感謝致したいと思います。また、原稿執筆時に内容や論理構成および図表の作成などに際して、熊谷龍一先生（東北大学大学院教育学研究科准教授）および野口誉之氏（東京大学大学院総合文化研究科大学院生）には数々の適切なコメントや助力をいただきました。

また、故大坪一夫先生は著者の一方である野口を日本語教育の世界に導き下さり、今日の研究テーマの多くを得るきっかけを作って下さいました。野口が2011年度に特別研究期間を取得した際に、その前半でTim McNamara教授（The University of Melbourne）はVisiting scholarとして受け入れて下さり、自由に研究する環境を提供下さいました。その日々の成果が本書のラッシュ・モデル関連の記述に反映しています。また、その後半で南風原朝和先生（東京大学大学院教育学研究科研究科長）は国内研究員として受け入れて下さり、研究環境を提供下さいました。そこで本書の基幹部分をまとめることができました。これらの先生方にも深く感謝申し上げます。

さらに、名古屋大学大学院教育学研究科・教育学部での受講生、大坪先生の大学院ゼミ生のみなさまや、非常勤講師として接した、東京大学大学院教育学研究科、東京大学教育学部、桜美林大学大学院言語教育研究科、早稲田大学大学院人間科学研究科、九州大学大学院比較社会文化学府の受講生の方々との質疑応答や議論の中からいろいろなことを学び、それらを踏まえて執筆することができました。ここに記して感謝申し上げます。

共著者の大隅は2004年以来、日本語研修事業を離れて日本語能力試験に携わっています。試験に携わり、10年が過ぎました。10年の間には、日本語能力試験の改定を含めて、たくさんのことがありました。詳しくお一人お一人の名前を記すことができないのが残念ですが、折に触れ各分野の専門の先生方から試験にまつわるご教授をいただいたことが、つねに支えとなっています。深く感謝を申し上げます。

また、現在の勤務先である日本語試験センターにおける試験作成、分析の検討、日々起こる様々な問題への対処をめぐる議論の中からも、多くの学びを得ることができました。

本書の中のほんの一部ではありますが、何かを読者のみなさまにお伝えできたとしましたら望外の幸せです。本書の執筆を支えてくれた著者の両家族に感謝を

捧げたいと思います。
　本書の内容が言語テストを通して日本語教育の議論に一定の根拠を与え、主観や経験に基づく智恵に evidence を与える強力な方法になっていることを理解していただければと願っています。

著者を代表して
野口　裕之

本書の構成

　本書はまず第1章で、世界の言語テストの例を示す。英語、フランス語、ドイツ語、中国語、日本語に限られているが、受験者数が多く、テスト開発機関の考え方が反映するものを選んだ。そして、最近の大規模言語テストの傾向について述べた。

　第2章では、大規模言語テストが備えておくべき条件について、Cambridge English Language Assessment や Bachman & Parmer（1996）の考え方に沿って解説した。

　第3章では、大規模テスト開発の流れについて、言語テストに限らず、標準的な流れについて述べ、第4章では、特に予備テスト後に実施する項目分析で用いられる統計的指標や方法について解説した。

　第5章では、テストにとって最も重要な特性のひとつであり、現在も議論が動いている妥当性の問題を取り上げた。

　第6章では、これもテストにとって重要な特性である、テストの信頼性の問題を、その定義、信頼性係数の推定法について取り上げた。数学のΣ（シグマ）記号が出てくるが、少しがまんして数式の展開についていけば、概念的に難しいことはないので、理解するのに大きな困難は感じないはずである。

　第7章では、現在テスト関係の術語としてよく見かけるが一般には必ずしもきちんと理解されていない項目応答理論（Item Response Theory: IRT）について頁を割いて丁寧に解説した。世界の標準的な言語テストをその尺度化からきちんと理解するためには不可欠な基本知識であり、言語以外のテストでも大規模テストや全世界規模で実施される学力調査などで標準的に用いられている。数式に慣れない読者には若干難しく感じるかもしれないが、最初は図をもとに考え方を理解するようにして欲しい。

　第8章では、項目応答理論を適用して、異なる時期に実施され、問題項目も異なるテストの結果を相互に比較可能な尺度上の得点として表わしたり、同じ能力特性を測定するが難易度（例えば、級など）が異なるテスト間で相互に比較可能な共通尺度上の得点として表現するための原理について解説する。さらに、異なる

テスト間で得点を比較できるようにする考え方についても述べる。数式が苦手な読者も考え方を理解して欲しい。

　第9章では、特異項目機能（Differential Item Functioning: DIF）を取り上げる。これは、測定する能力や特性が等しいにもかかわらず、受験者が属する下位集団（例えば、男性か女性かなど）が異なった場合に、正答する可能性が異なるという現象がテストに含まれる特定の項目に見られるか否かを問題にする。テストの公平性の問題で世界の伝統のあるテスト開発機関では必ずこの分析が実施されている。数式にこだわらず考え方を理解して欲しい。

　第10章では、現在注目されているパフォーマンス評価の基本になる測定理論について解説した。通常のテストと異なり、評価者の厳しさと評価基準が得点化に影響することをどのようにモデル化するかが問題になる。評価者の信頼性を表わす指標と評価者の厳しさを取り入れたモデルについて解説する。

　第11章では、日本語教育を含む外国語教育界で大きな話題となっている、欧州言語共通参照枠組み（Common European Framework of Reference for Languages: CEFR）について、第7章、第8章、第10章で取り上げたモデルや方法が適用されて開発されたことを解説する。外国語教育でCEFRに関心のある方には是非とも能力記述文を尺度化した考え方を理解していただきたい。

　第12章では、日本語能力試験の改定時に実施された研究を中心に、欧州諸言語など非漢字圏の言語を母語とする日本語学習者が、中国語や韓国語を母語とする学習者に比べて上級の試験に合格するのに時間を要する現象に対して、テストの分析理論に基づく成果を述べる。

目　　次

はしがき　iii
本書の構成　vi

第 1 章　世界の大規模言語テスト……………………………………001
第 2 章　大規模言語テストにおけるテスティングの検討………011
第 3 章　大規模テスト開発の流れ……………………………………024
第 4 章　テスト項目の分析……………………………………………030
第 5 章　テストの妥当性の検討………………………………………041
第 6 章　テストの信頼性の検討………………………………………051
第 7 章　項目応答理論…………………………………………………070
第 8 章　尺度得点の等化と垂直尺度化………………………………113
第 9 章　特異項目機能の検出…………………………………………128
第10章　パフォーマンス測定に関する分析…………………………139
第11章　CEFRと言語テスト…………………………………………157
第12章　日本語能力測定に関する独自性について…………………167

参考文献　179
索　引　186

第1章 世界の大規模言語テスト

　外国語教育や外国語学習の中で外国語能力を測定する言語テストは、学習者の言語能力を評価するために重要な役割を担っている。言語テストで認定された外国語能力の証明は外国の高等教育機関に入学したり、外国で専門職に就くに際して、あるいは、移民が認められるかどうかなど、受験者個人にとって極めて重要な決定場面で利用されたりする。
　本書では、High stakesな言語テストを開発するにあたって必要な言語テスト理論について述べるが、まず、世界の公的な大規模言語テストの例を概観する。

1.1　世界の大規模言語テスト

　ここでは、世界の言語テストの中でも、英語、フランス語、ドイツ語、中国語、日本語に関するテストを取り上げる。言語によって取り上げているテストの数が異なるが、複数ある場合には特徴の異なるものを選択した。

1.1.1　英語のテスト
1.1.1.1　ケンブリッジ英検（Cambridge English exams）
　ケンブリッジ英検は一群の外国語としての英語試験の総称で以下のような目的別の試験を含んでいる。
1) 国際児童英検（YLE）　幼児や小学生など年少者向けの英語検定。
2) 一般英語および学校向け英語　幅広い種類の一般英語試験、および学生を対象にした試験。
3) アカデミック英語および専門的英語　英語を話す環境での学習や専門的な仕事のために。
4) ビジネス英語　職場やビジネスシーンでの英語力の証明のために。
5) 教授資格　国際的な英語教授資格取得のために。

これらの中の一般英語試験には、
　　Key English Test（KET）　⇔　A2

Preliminary English Test（PET） ⇔ B1
First Certificate in English（FCE） ⇔ B2
Certificate in Advanced English（CAE） ⇔ C1
Certificate of Proficiency in English（CPE） ⇔ C2

の5レベルのテストがあり、それぞれが上記のようにCEFR[1]のA2, B1, B2, C1, C2レベルに対応づけられている。

テストの構成は、例えば、FCE（CEFRでB2レベルに対応）の場合、

Reading	60分
Writing	80分
Use of English	45分
Listening	40分
Speaking	14分

の5つのパートに分けて実施され、得点は各パートが20%の割合で合計され、総合得点が算出される。

結果はA（80–100）、B（75–79）、C（60–74）、D（45–59）、E（0–44）の5段階で判定され、A, B, Cが合格、DはB1レベル、Eは不合格とされる。合格者には認定証が発行される

テストのUse of Englishパートは"Shows how well you can control your grammar and vocabulary"と説明されており、単に文法や語彙の知識を問うものではないことに注意が必要である。また、Speakingパートは、試験官1名に対して、2, 3名の受験者が割り当てられ、試験官とのやりとり、受験者間のやりとり、受験者が単独で話す課題が含まれる。

既に述べたように、FCEに合格した受験者は、CEFRでB2に相当する英語能力を持つと考えることができる。

受験者に対する学習教材や教師用のハンドブックなどが公式に整備されていて、受験者の試験に対する準備やテストの結果を解釈し、利用する立場の教師やその他のユーザーに対するきめ細かい情報提供がなされている。

開発主体は、Cambridge English Language Assessment（旧 Cambridge ESOL）である。

---

[1] CEFRに関しては第11章を参照。

1.1.1.2　IELTS (International English Language Testing System)

　この試験は、大学・大学院で学ぶ人向けの Academic module と、移住申請や何かの研修を目的として英語圏の国に入国する人向けの General training module とがあり、これらの間では、Reading と Writing の問題が異なっている。

　テストは、Listening, Reading, Writing, Speaking から構成されており、Speaking は訓練された面接官が受験者と直接面接して実施する。

　得点は、1.0 から 9.0 まで 0.5 きざみのバンドスコアと呼ばれる得点システムが用いられており、科目別得点および総合得点が算出される。これらの得点は、CEFR との対応がつけられている。

　開発主体は、ケンブリッジ英検と同じ Cambridge English Language Assessment である。

1.1.1.3　TOEFL (Test of English as a Foreign Language)

　主として北米地域の大学院・大学に留学する学生の英語力（Academic English）を測定するためのテストで、インターネットをベースにした TOEFL-*i*BT と、従来から実施されて来た紙筆試験 (paper and pencil test) である TOEFL-PBT とがある。前者を全受験者の 96% が、後者を 4% が受験している（https://www.ets.org/jp/toefl/pbt/about, 2014 年 2 月 21 日）。日本国内では現在すべて TOEFL-*i*BT になっている。

　テストの構成は、TOEFL-*i*BT が Listening, Reading, Writing, Speaking の 4 つのパートからなり、TOEFL-PBT では、Structure and Written Expression（構文 / 文法）, Listening, Reading の 3 つのパートに加えて、別途 Test of Written English が用意されている。

　スコアの範囲とレベルは、

　　Reading　　　0–30　　高 (22〜30)　　中 (15〜21)　　低 (0〜14)
　　Listening　　 0–30　　高 (22〜30)　　中 (15〜21)　　低 (0〜14)
　　Speaking　　 0–30 (に換算)　優 (26〜30)　良 (18〜25)　限定的 (10〜17)
　　　　　　　　　　　　　　極めて限定的 (0〜9)
　　Writing　　　 0–30 (に換算)　優 (24〜30)　良 (17〜23)　限定的 (1〜16)
　　総合スコア　 0〜120

で表示される。

　受験者やテストの利用者が得点を解釈するために、「TOEFL *i*BT Performance

Feedback for Test Takers」が用意されている。また、各技能毎に得点のレベルに対応する「Your performance」と、今後の学習の参考にするために「Advice for Improvement」とが詳細に記述されている。

得点と CEFR とが対応がつけられており（eNews Update April 2012）、その方法について詳細な報告が TOEFL iBT Research Report に公表されている（Tannenbaum, R. J. and Wylie, E. C., 2008）。

開発主体は、Educational Testing Service である。

1.1.2　フランス語のテスト
1.1.2.1　TCF（Test de connaissance du français）

TCF は総合的なフランス語能力を測定する（for general purposes）ことを目的として実施され、レベル別ではなく単一のテストで得点に応じて複数のレベルに判定する。

基本試験と補足試験から構成され、基本試験は多枝選択形式 80 項目を 90 分で実施する。その内訳は、

　　Listening comprehension（聴解）30 項目
　　Use of language structures（語彙・文法）20 項目
　　Reading comprehension（読解）30 項目

である。

補足試験は基本試験を補完するもので、いくつかの試験センターで実施されるオプショナルなものである。その内訳は、

　　Spoken expression（面接者と 1 対 1、15 分）
　　Written expression（6 課題、105 分）

である。

得点と CEFR の 6 レベルとが対応づけられている。

現在、実施方式の異なる CBT バージョンや世界のフランス語に対応して例えば Quebec バージョンなども実施されている。

開発主体は、フランス国立教育研究所（Centre International d'Etudes Pédagogiques: CIEP）である。

1.1.2.2　DELF / DALF (Diplôme d'études en langue française / Diplôme approfondi de langue française)

　フランス国民教育省が認定した唯一の公式フランス語資格（ディプロム）で、資格に有効期限はない。TCF ではフランス語能力が測定されるが資格認定がないのに対して、レベル別のフランス語能力の認定が行われる。

　このテストは、DELF A1 / DELF A2 / DELF B1 / DELF B2 / DALF C1 / DALF C2 の 6 レベルで構成される。これらは、CECR (Cadre européen de référence, 英語では CEFR) の A1 / A2 / B1 / B2 / C1 / C2 レベルと対応づけられている。

　これらの他に、特定の受験者集団を対象として、DELF ジュニア、DELF プロ、DELF Prim がある。DELF ジュニアは児童・青少年を対象としたテーマが出題される。証明書は DELF と同じあり、DELF プロは仕事上の状況に関わるテーマ・課題が出題され、証明書に「Professionnel」と記載される。DELF Prim (DELF プリム) は、小学校に通う 8 歳以上 12 歳以下の学習者を対象とする。

　問題作成者、採点者、面接者は全員が研修を受けて 3 年毎に更新される公式資格を取得している。

　テストの構成は、例えば DELF B2 の場合、

　　聴解　2 つの録音されたテキスト（ニュースなど、解説・講演など）を聞いて、設問に答える　約 30 分

　　読解　2 つのテキスト（フランス語圏に関する情報提供を目的としたもの、特定のテーマに関する論説）を読んで、設問に答える　60 分

　　文書作成　与えられた議論・公式文書・論評などを参照して、自分の意見を記述する　60 分

　　口頭表現　与えられた短いテキストに関する見解の提示・論証を行なう準備 30 分、面接 20 分

の 4 つのパートに分けて実施され、得点は各パートが 25 点満点で、全体で 100 点満点になる。合格最低点は 50 点であるが、すべてのパートで 5 点以上とっていることが必要である。

　開発主体は TCF と同じく CIEP である。

1.1.3　ドイツ語のテスト

ゲーテ独語検定 (The Goethe-Institut's German language examinations)
　GER (Gemernsamer europäischer Referenzrahmen für Sprachen, 英語では CEFR)

の6段階に対応したレベルが設定された検定試験で、
　Goethe-Zertifikat A1（SD1）
　Goethe-Zertifikat A2（SD2）
　Goethe-Zertifikat B1
　Goethe-Zertifikat B2
　Goethe-Zertifikat C1
　Goethe-Zertifikat C2（GDS）
から構成される。

　テストの構成は、例えばGoethe-Zertifikat B1（2013年8月1日から改定されたものが実施され始めた）の場合、

　　筆記試験「読む」「聞く」「書く」　165分
　　　モジュール「読む」　ブログ、Eメール、新聞記事、広告、説明や指示を読み、主な情報、重要な詳細や見解や意見を理解できる。
　　　モジュール「聞く」　アナウンス、短いスピーチや講演、日常会話やラジオ放送のディスカッションを聞いて、主な情報や重要な詳細を理解できる。
　　　モジュール「書く」　プライベートやオフィシャルなEメールを書いたり、フォーラムで自分の意見を述べることができる。
　　口頭試験「話す」　15分
　　　モジュール「話す」　ほかの受験生と2人1組になり、日常のテーマ（例えば「旅行」など）について話す。相手の質問に答え、自分の意見を述べたり提案したりする。日常のテーマについてプレゼンテーションをしたり、質問に答える。

　開発主体は、ゲーテ・インスティトゥト（The Goethe-Instituts）である。

1.1.4　中国語のテスト
1.1.4.1　漢語水平考試（Hanyu Shuiping Koshi: HSK）
　中国語能力試験（Chinese Proficiency Test）として、1990年から中国国内で、1991年から海外でも実施されるようになり、2010年以降は大幅に改定され、中国語によるコミュニケーション能力の評価に重点を置いたもの（HSK2013年受験

案内）が実施されている。これらを区別して「旧 HSK」および「新 HSK」と呼ぶことがある。

　中国語を母語としない者を対象として、日常生活場面、アカデミック場面、プロフェッショナル場面での中国語能力を測定し認定するテストである。

　HSK は筆記試験と口頭試験に分けて実施されており、筆記試験は 1 級から 6 級までの 6 レベルに分けて実施され、これらの能力基準は CEFR を参照できるように配慮されている。

　筆記試験の場合、例えば 4 級は聴解（45 問、約 30 分）・読解（40 問、40 分）・作文（15 問、15 分）の 3 パートから構成されており、得点は各パートで 0–100 の範囲で表わされ、合計 300 点で評価される。180 点以上が合格とされる。4 級は CEFR の B2 レベルに対応するとされており、試験の程度は「中国語を用いて、広範囲の話題について会話ができ、中国語母語話者と比較的流暢にコミュニケーションがとることができる」水準とされている。

　口頭試験は、初級・中級・上級の 3 段階で実施され、筆記試験とは別に申し込み、会場も限定されている。放送で問題が流され、それに対する解答が受験者毎に録音される。内容は、復唱問題、絵を見て話す問題、印刷された質問に答える問題の全部で 14 問である。試験時間は約 21 分で、得点は 0–100 の範囲で表わされる。

　開発主体は、2009 年までは中国語言大学 HSK センターであったが、2010 年以降は中国国家漢語国際推進事務室（中国漢弁）になっている。

1.1.4.2　実用中国語レベル認定試験（実用漢語水平認定考試）

　C.TEST と略され、2006 年から開始された。中国語を母語としない者を対象として、ビジネス場面、産業場面、技術交流場面など実用場面での中国語コミュニケーション能力を測定し、認定する試験であり、国際的に標準的な得点化システムをとる、とされている。

　このテストは、中・上級者を対象とする C.TEST（AD レベル）と初級者を対象とする C.TEST（EF レベル）に分かれている。

　C.TEST（AD レベル）の場合、

　　リスニング　　　　70 問　50 分
　　総合応用問題　　　90 問　100 分

から構成され、合わせて 1000 点満点で得点が表示される。なお、総合問題には

記述式の作文問題が含まれている。
　結果は、得点に基づいてレベルが認定される。
　　A 級　　725 点以上
　　B 級　　575 点以上
　　C 級　　500 点以上
　　D 級　　425 点以上
で、425 点未満は認定されない。
　各級毎に、聴解、読解・総合、総評として、どのような言語行動が可能であるかについて、評価が簡潔に示されている。
　C. TEST（EF レベル）の場合、
　　リスニング　　　60 問　45 分
　　文法・読解　　　80 問　70 分
から構成され、合わせて 500 点満点で得点が表示される。
　結果は、得点に基づいてレベルが認定され、
　　E 級　　330 点以上
　　F 級　　270 点以上
で、270 点未満は認定されない。
　各級毎に、聴解、読解・総合、総評として、どのような言語行動が可能であるかの評価が簡潔に示されている。
　また、これらの筆記試験とは別に、C. TEST 会話試験が開発されている。これは、中国語でのコミュニケーション能力を実践的な会話を通して測定する試験で、中国にいる試験官とインターネットによるテレビ電話を利用して面接形式で試験を受ける。試験はビデオで録画されて、結果は総合的に評価されて、専門級および A 級から F 級の全部で 7 段階で判定される。
　開発主体は、北京語言大学 HSK センターであり、旧 HSK 開発時代からの言語テスト開発技術が活かされている。

1.1.5　日本語のテスト

日本語能力試験（Japanese Language Proficiency Test）
　日本語能力試験は、日本語を母語としない人の日本語能力を測定し認定する試験として、1984 年に開始された。2010 年から大規模な改定を実施した新しい日本語能力試験となり、外国語としての日本語の知識を測定するのではなく、課題

遂行のための言語コミュニケーション能力を測定するという目的が前面に出された。

改定前は、4級（初級前半）、3級（初級後半）、2級（中級）、1級（上級）の4レベルで、各級は、文字・語彙（100点）、聴解（100点）、読解・文法（200点）の3類から構成されていた。年1回の実施で、得点の年度間等化は実施していなかった。

これに対して、改定後はレベル・類の構成が変わっている。

レベルが5段階になり、旧試験との対応は以下のとおりである。

N1 ＝ 旧1級
N2 ＝ 旧2級
N3 　　新設
N4 ＝ 旧3級
N5 ＝ 旧4級

また、類に替えて得点区分が設定され、これは旧試験の類がすべてのレベルで同一構成だったのに対して、レベル間で異なっている。各レベルの得点区分と得点範囲は以下のとおりである。

N1, N2, N3 　言語知識（文字・語彙・文法）　[0, 60]
　　　　　　　読解　[0, 60]
　　　　　　　聴解　[0, 60]
N4, N5 　　　言語知識（文字・語彙・文法）・読解　[0, 120]
　　　　　　　聴解　[0, 60]

さらに、すべての得点区分に基準点が設定され、この点に達しない得点区分があった場合には、総合得点によらず不合格となる。実施回数は年2回で、得点は時期間で比較可能な等化[2]された尺度で表現されている。すなわち、同一レベルの試験であれば、受験した時期が異なっても得点を比較することが可能である。

また、「日本語能力試験Can-do自己評価調査レポート」が公開されていて、各レベルの合格者が日本語でどのようなことができると考えているかを調査し、その結果がまとめられている。これを利用して、各レベルの合格者が日本語でどのようなことができるかを見当づけることができる。

開発主体は、国際交流基金日本語試験センターである。

---

2) 等化に関しては第8章参照。

1.2　大規模言語テストの最近の傾向

　大規模言語テストは、応用言語学の理論的発展、テスト理論の進化、情報技術の発展、外国語教育現場のニーズの変化などを踏まえて研究・開発・改定される必要がある。それは、受験者やテストの利害関係者に対してより質の高い情報を提供する責務があるからである。

　最近の傾向を具体的に見ると、

1) コミュニケーション能力を測定する、すなわち、知識量の測定から技能の測定へ転換する。
2) より精密な議論や検討ができる項目応答理論（Item Response Theory: IRT）をベースにした得点化システムを採用する。
3) その結果、得点の時期間等化を実現する。
4) 測定結果の解釈基準として「～ができる」という Can-do statements を用意する。
5) CEFR との関連づけを行う。

などがある。

　そして、改定の過程に関して可能な限り透明性・公開性を持たせることも多く、例えば、ケンブリッジ英検では改定の根拠や過程が、Weir, C. and Milanovic, M. (Eds.) (2003). Continuity and Innovation: Revising the Cambridge Proficiency in English Examination 1913–2002, Cambridge University Press. にまとめられている。

　大規模言語テストの改定には大きな流れはあるが、具体的なテスト仕様の詳細に関しては、各開発機関の考え方が反映する。例えば、言語知識（語彙・文法・（文字））を独立して測定するか否か、Speaking 能力をコンピュータを利用して測定するか、ヒトが測定するか、などは本章で紹介した大規模言語テストによって異なっている。新しい理論・技術・道具を活用することは大切なことであるが、濫用に陥っては却って言語テストの質を下げてしまうこともある。これらに正解があるわけではないが、研究・調査による根拠に基づいて決定されることが大切なことである。

第2章　大規模言語テストにおけるテスティングの検討

　本章では、大規模試験、特に外国語試験における能力測定において、まずバックマン＆パーマーの有用性に関する記述を踏まえ、さらにケンブリッジ大学英語検定機構（Cambridge English Language Assessment）での実務としてのテスティングの例を引きつつ、考慮しなければならないテストの諸特質を提示する。

2.1　有用性（usefulness）

　テストは妥当性、信頼性、真正性、波及効果などのさまざまな観点から論じられるが、有用性とはその総合的な価値を、個々の観点から見た価値の総和としてとらえた概念である。
　バックマン＆パーマー（1996）は言語テストが備えるべき特質として有用性を挙げ、その有用性を信頼性、構成概念妥当性、真正性、相互性、影響、実用性の総和と定義しており、有用性を支える個々の特質のバランスはそのテストが用いられる個々の文脈、テストの目的や特徴によって変わるものとする。そしてテスト開発にあたっては、理論的にさまざまな観点が個別に論じられがちであるものの、テストの目的に即した総和たる有用性そのものの最大化が優先して追求されるべきであるとしている。

　この有用性の追求は、具体的には例えば、信頼性を表わす代表的な指標であるα係数を高めるためには、問題項目数を増やすことがひとつの方法だが、実用性の面から見ると、テスト時間は実施上、あるいは受験者の気力・体力上、無制限に増やすことはできず、この方向性での信頼性の追及はある程度に留めなければならない。一方、項目数が少なく信頼性係数が低い場合は誤差成分が大きく測定機能が果たせなくなりテストとして成立しなくなるので、一定の項目数確保は必要である。
　上記のような場合、社会的に利用されている大規模試験という試験の目的や文脈に即して一定以上の信頼性は不可欠と考え、予備テストや試行試験のデータな

どを用いて信頼性を表わす代表的な数値であるα係数が、望ましいとされる値になるために必要な項目数を計算する。
　他方、その項目群に受験者が取り組むのに要する時間の試算も行いつつ、それらをもってどのくらいの項目数が実際に実施可能か、受験者の体力や実施環境などを勘案して詰めていくことになる。

　また、真正性を追求するために母語話者の会話をそのままテストに取り入れようとすると、試験の難易度が学習段階相当以上に上がり、構成概念妥当性の面では測ろうとするものが測れなくなる可能性がある。高すぎる難易度は、多くの受験者の能力水準の違いを識別できなくなり信頼性にも影響をきたす。
　一方、例えば大学に受け入れる留学生の日本語能力を測定する試験の場合、その目的を考えると、大学で学習活動を進めたり研究を進めたりするためのある程度の真正性が必要である。大学という場面で使用される頻度の高い日本語の表現を盛り込むことは、テストの目的から言って必須である。
　このように、ひとつのテストを作成、実施する場合はこれらの特質間の関係を見極め、何を重視するのか、その優先順位、あるいはその重視する度合いを選択していく必要がある。テスト開発においては各テストが、そのテストに課せられた目的を最大限に果たすべく、各特質の優先順位、優先の度合いなどを勘案して調整して行くことが重要である。またさらに試験の設計、仕様の確定、個々の項目の選定や版編集など、テスト開発の過程は日々、この有用性を追求する過程である、と言うことができる。

　ケンブリッジ英検などを実施しているケンブリッジ大学英語検定機構の前身であるケンブリッジ ESOL はバックマンの挙げた特質に従いながら、構成概念妥当性、真正性、相互性を Validity（妥当性）のもとに扱い、Validity（妥当性）、Reliability（信頼性）、Impact（影響）、Practicality（実用性）の４つにまとめ、自らのテストについてこの頭文字を取って VRIP を追求することを掲げていたが、近年、テスト開発とその実施の根幹として、上記の VRIP のうち妥当性（V）、信頼性（R）、波及効果（I）を妥当性の名の下に一元的にまとめ、それに実用性（P）を加えて有用性（usefulness of test）とした。さらに試験が長年にわたり同等の性能を保ち繰り返し行わなければならないという側面に注目し、標準化するための品質管理（Quality Management）の重要性を特に指摘し、現在は合わせて「VRIPQ」

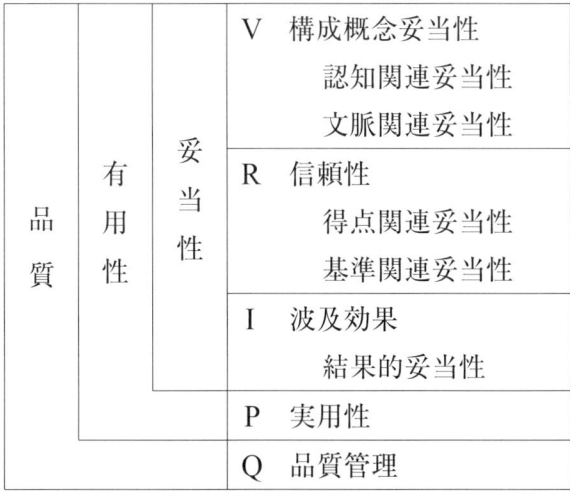

図 2.1　VRIPQ の概念図（Gad, S. Lim, 2013）

を標榜している。なおこの品質管理は、試験が水準に達したものであることをチェックするとともに、その作成過程も管理しモニタリングするものであり、それによりテストの品質を担保する機能を果たしている。

2.2　実用性（practicality）

　実用性とは、テスト開発およびその後の継続に関わるリソースに関連している。この継続とは、一回一回の作題、分析、実施、さらにその継続を意味する。さらに言えば大抵の大規模試験は改定を繰り返しながら半永久的に継続することが暗黙の前提になっており、一回だけ、あるいは数回だけでなく「ずっと続けていく」に足りるリソースを見渡していく必要がある。

　人、時間、機材、資金などテストで利用されるものすべてが対象になるが、そのテストにおいて利用できるリソースが必要なリソースを下回るとき、そのテストは実用的ではなく安定的に運営できない。テストの実用性とはテストを物理的・経済的に成り立たせるための前提条件と言える。ひとつの試験を開発するまでには多くの人間が関わり、さらにそれを継続的に、同じ質を持って開発・実施し続けなければならないこと、時には海外まで運ばれ実施されることを考えると、テ

ストの実用性についてはなおさら慎重に考慮してテスト仕様、作成工程、実施、分析までを含めてテスト設計をする必要がある。

このように実用性はテストを安定的に運営するために重要な特質である。長期にわたるプロジェクトであるだけに、テスト開発者が開発当初に実用性についての見通しを持つことにより、テスト全体へのリソース配分の効率性を高めることができ、また質の高いテストを継続的に提供することが可能になる重要な観点と言える。

テストに使用できるリソースが有限なことから、実用性は理想的なテストを考えるとき制約条件として働くことが多いが、他の多くの産業でそうであるように、例えば使用機材に技術革新などがあって、使用リソースの総和自体が増えたり、場合によってはそれにより、より効率的・安定的に進められるようになったりすることもある。またコンピュータをベースにしたテストなど新しい形の測定を可能にする場合もある。実用性すべてが制約として働くわけではない。

また実用性は、ケンブリッジ英検機構のVRIPQのQ（品質管理）とも関連している。継続するテストにあっては、一回のテストのみに注力しその時だけ質の高いものを作るのではなく、同じ品質のテストを安定的に供給していくことが、テスト性能上も、また受験者の公平性からも要請されるが、それには、テストの作成・分析・実施の仕様や工程がそれを可能にすべく標準化されていなければならない。大勢の人が関わり、長期間にわたって良質のテストを提供して行かなければならない大規模試験では、さまざまなリソースの使用の仕方についても揺れがないことが必要であり、そのため試験仕様や工程の標準化が必須である。

2.3 妥当性（validity）

テストが測ろうとしているものを測れるように作られているかどうかの程度を表わす概念で、一般に内容的妥当性、基準関連妥当性、構成概念妥当性の3つの観点から検討される。

言語テストをはじめ、テストは特性（能力）を測定する道具であるが、ものの長さのような物理的な測定とは異なり、測定道具が確かに意図した特性（能力）を測定しているか否かを、何らかの根拠に基づいて確認する必要がある。身長を測定するのに体重計を用いる誤りは誰も犯さないが、心理的な特性の場合には、測定対象を構成概念によって特定するため、そのテストが測定することを意図した特

性（能力）を実際に測定しているかについて確認する必要がある。すなわち、測定道具（テスト）の適切さということが問題になる。

　従来は、妥当性を、相互に重なった概念ではあるものの、内容的妥当性、構成概念的妥当性、基準関連妥当性に分けて捉えられていたが、現在は、妥当性を3つに分けず単一の概念として捉え、構成概念妥当性を中心に据えて、それを確認する方法により、異なる妥当性の側面が強調されるという整理の仕方がされる。ある新しいテストの妥当性を確認するに際して、同様の構成概念を測定するテストが既に存在する場合に、両方のテストを同一の受験者集団に実施して、得点の相関係数を計算し、相関係数の値が高い場合に、新しいテストの妥当性が外在基準に照らして確認されたことになる。言い換えると、新しいテストの構成概念が妥当であるか否かについて、既存のテストを外在基準として関連づけて検討したということである。

　また、ひとつひとつの項目内容が構成概念や、その具現化であるテストシラバスに照らして妥当かどうかについては、内容的妥当性に属する事項で、作成者や専門家が主観的に判断することが多い。

　なお、妥当性の程度を表わすのに、妥当性係数が用いられることがあるが、これは妥当性を検証するテストと外在基準となるテストの得点間の相関係数で、信頼性係数と異なり、外在基準に何を用いるかによって値が変わるもので、テスト固有の妥当性係数は存在しない。

　テストの結果が個人の処遇に大きな影響を与えるようなテスト（high stakes test）の場合には、とりわけそのテストの妥当性に関してさまざまなデータや方法を用いた検証を実施しておく必要がある。テストの社会的な役割、影響力ということに鑑みると、妥当性はテストが備えておくべき、そして検証しておくべき極めて重要な概念と言える。妥当性に関してより詳しくは、第5章の「テストの妥当性の検討」で述べる。

2.4　信頼性（reliability）

　紙筆テスト（paper-and-pencil test）の場合、問題→受験者→解答（回答）→採点、という流れでテストが実施されるが、各所で誤差が混入する可能性がある。その誤差をできる限り排除することによって、信頼性を上げることができる。具体的には、①多枝選択形式の項目で正解がわからない受験者が「あて推量（random guessing)」によって解答した場合でも一定の確率で正答が得られる、②問題の指示が明確でなく受験者によって何を解答すべきかの解釈が異なってしまう、③時間の長い試験で受験者が疲労したり、解答する意欲が低下するなどの受験者の一時的変化、④受験者に記述を要求する問題では、採点基準が不確定であることに起因して、異なる採点者が同一の解答に対しても異なる得点を与える、などの要因で誤差が混入する。これらは得点の客観性や安定性に影響を与える。

古典的テスト理論では「誤差」について、特にその要因を分けて考えるのではなく、種々の要因から生じる誤差を総体として捉えて「偶然誤差」としてモデル化する。

2.4.1 信頼性係数 (reliability coefficient)

古典的テスト理論では、テストの測定精度を信頼性係数 (reliability coefficient) で表わすが、

$$テスト得点 = 真の得点 + (偶然) 誤差$$

という基本式にいくつかの仮定をおいて、その結果、

$$信頼性係数 = \frac{真の得点の分散}{テスト得点の分散}$$

として定義される。真の得点およびテスト得点の分散は、多数の受験者にテストを実施した状況を理論的には想定しているが、実際には、大規模能力試験などを除いて、それ程多くの受験者データを用いることはできないし、分子の「真の得点の分散」は理論モデル上設定されるものであり、実際にテストを実施した結果から計算することはできない。したがって、実際には信頼性係数は何らかの方法を用いて推定する必要がある。

信頼性係数の推定法には、①再テスト法、②平行検査法、③折半法、④内的整合性による方法、⑤分散分析モデルによる方法、などがある。言語テストでは、④のクロンバックの α 係数がよく用いられる。α 係数は能力テストの場合には、一般に、0.8を超える値が望ましいとされているが、項目数が少ないテストの場合には、これより低い値を示すこともある。本来、α 係数はテストに含まれる項目群の等質性（内的整合性）を表わす指標であるが、受験者数が多いテストでは、

α係数が信頼性係数の下限値を与えることが理論的に証明されていることを根拠にして、信頼性係数の推定値として用いられる。したがって、測定内容が多様な項目が単一のテストに含まれている場合に、α係数で信頼性係数を推定すると、真の信頼性係数よりもはるかに低い推定値が得られてしまう。この場合は、折半法を用いることが望ましい。このように、信頼性係数の推定法はテストの特徴を勘案して選択する必要がある。信頼性に関してより詳しくは第6章の「テストの信頼性の検討」で述べる。

2.4.2　パフォーマンス測定における信頼性

　最近の言語テストでは、実際にその言語を使って他者とコミュニケーションができる程度を測定することが重視される。実際の会話や作文を課題とするパフォーマンス測定である。しかも、課題は学習者が接する仕事、学習、生活場面などを想定して開発するという「真正性」が重視される（Bachman, 1990）。このようなテストでは、評価者の採点に関する安定性（評価者内信頼性）、評価者間の一致度（評価者間信頼性）がテストの信頼性の中で大きな要因を占める。そのため、採点の観点や得点化の基準などを厳密に定めた「採点基準」を用意し、評価者（評定者）に対して研修が実施される。その上で、評価者間の採点結果が高い一致度を示すこと、同一評価者が同一解答を繰り返し採点した場合に採点結果のぶれが小さいことが望まれる。そのため、評価者間一致度と評価者内一致度を示す指標が用いられる。評価者間一致度は、評価者が2名の場合にはκ係数や重み付きκ係数が、複数の場合には級内相関係数やα係数などが用いられる。α係数はここでは項目群の等質性ではなく、評価者集団の等質性を見るのに用いられる。また、評価者内一致度は、同一評価者が2回繰り返し評定した場合にはκ係数や重み付きκ係数が用いられる。2回の評定結果の相関係数を算出する方法も用いられるが、この場合には、1回目と2回目との間で平均値がほぼ等しいなど、系統的な差がないことを確認しておく必要がある。詳しくは、第10章の「パフォーマンス測定に関する分析」で述べる。

2.5　目標言語使用領域（TLU）

　バックマン＆パーマー（1996）は、目標言語使用領域（Target language use（TLU） domain）について、「テスト受験者がテストそのもの以外でも出会う可能性が高

く、言語能力についての推測を一般化したい、一連の特定の言語使用課題」と定義して、「言語が本質的にコミュニケーションの目的のために用いられる、いわゆる『実生活』領域」と「言語が言語の指導や学習の目的に用いられる『言語教育領域』」からなると述べている。

例えば、「新しい『日本語能力試験』ガイドブック」によれば、日本語能力試験の場合には生活、就業、教育の3つの目標言語使用領域を示しているが、前2者は実生活領域に対応すると考えられる。ただしこの3つの領域は人によって必ずしも整然と分かれるものではなく、日本で生活しながら大学で学ぶものにとっては「生活」領域と「教育」領域が、日本企業で働く者にとっては、「生活」領域と「就業」領域での日本語使用が必要になる。この3つの領域は大きく見ればの話であり、細かく見れば日本や日本企業などでの日本語使用の機会があり、それを目標言語使用領域と考える受験者もいれば、高校や大学で日本語を学び、入学試験や卒業試験に代替するものとして、日本語能力試験を受験する者もいる。当面日本へ来ることはないが、アニメなどで日本語に触れ、日本語を学んで受験する者もいる。このように細かく見れば各受験者の目標言語使用領域は少しずつ異なっているとも言えるが、それらの最大公約数をひとつの試験、ひとつの問題冊子という平面に、適切に出題するために、大まかにこの3つの領域を設定しているものである。

言語テスト開発、とりわけ問題項目の作成において、目標言語使用領域を考慮するのは、テストの妥当性と真正性に関わるためである。目標言語がそれぞれの使用領域で実際にどのように使用されているのかをテストの中で再現できれば、受験者のテストにおける解答行動から、受験者が言語を用いて実際にどの程度課題を遂行できるか、推測しやすくなる。すなわち目標言語使用領域の適切な設定は、受験者、教師、また入試担当者、企業の採用者などの関係者にとって、そのテスト結果を用いるための根拠となる。

目標言語使用領域が適切に設定されたのち、当該領域において頻度が高い言語使用課題がテスト課題に反映されることにより、テストの妥当性と真正性がもたらされることになる。目標言語使用領域の設定は言語テストを開発するための基礎であり、試験の設計、仕様やひとつひとつの問題項目に至るまで影響を与えるものと言える。

なお目標言語使用領域調査の一例として、海外における日本語能力試験受験者の「受験理由」調査の結果の一部を図2.2に示す。これはなぜ受験したかという

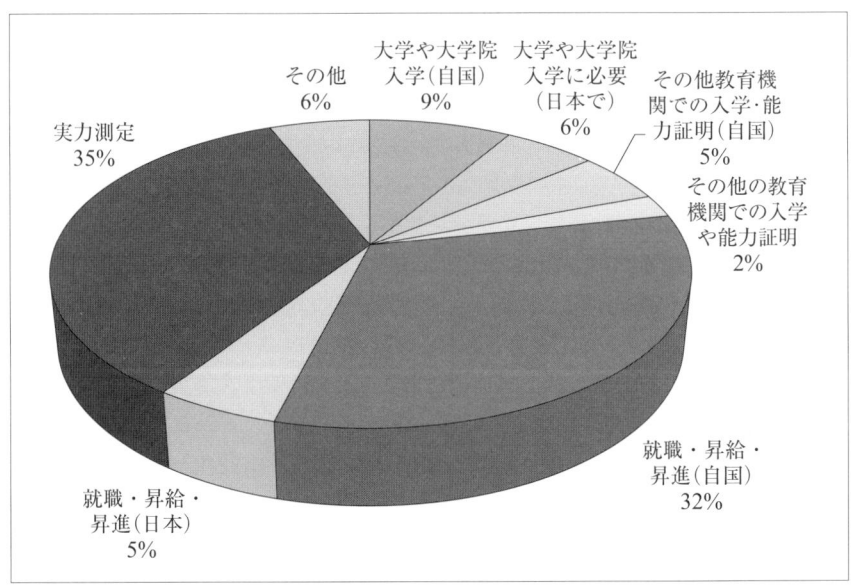

図2.2 海外受験者が日本語能力試験を受験する理由（日本語能力試験ウェブサイトによる）

理由の調査ではあるが、この調査を通して、受験者の将来の言語使用領域の大略を理解することができる。

2.6 真正性（Authenticity）

　テストは現実の言語行動を一定程度模して作成されるが、実際には現実の場面や言語行動そのままを問題として出題することは難しく、またそれが必ずしも受験者の能力を適切に測定するとは限らない点に留意が必要である。
　真正性とはテストの課題項目がそのテストで測定しようとしている目標言語使用領域に存在する課題をどの程度反映しているかの度合いをいう。具体的には、真正性は目標言語使用領域における言語使用課題からテスト問題への、場面、話題、話し手（書き手）や聞き手（読み手）の属性や関係性、タスク、テキストの談話構成、文体やスピーチレベルなどに至るまで諸々の特性の、反映の度合いと見ることができる。これらが目標言語使用領域での課題から外れていたり、反映の度合いが低かったりすると、真正性が低いということになる。

ただし、テストには時間や問題形式、項目数の制約などがあり、テスト仕様に合致するように人工的な操作を加えたり、加工をしたりしなければならない。真正性が高いと言われる「生テキスト」などの新聞や雑誌の記事、書籍抜粋であっても、それが全体の流れから切り離して掲載されること、設問を付してテストとして出題されることが、すでにテキストとの真正な出会い方、読まれ方ではない。このように、テストで純粋に真正な言語行動を出題し、解答することは現実的には限界があり容易でない。

　さらに妥当性の項で述べたように、テストの第一の使命が測定道具であることを考慮すれば真正性を追いすぎることもまた、問題がある。例えば実際のネイティブスピーカー同士の会話では、同じ背景知識を共有することが多く、したがって主語や目的語の省略が頻繁である。音声的にも、フィラー、縮約、複数発話の重なり、言い間違え、ノイズなども少なくないが、これらの特性を聴解問題にそのまま反映させると、受験者の学習段階によっては難易度が相当に高くなり、場合によっては信頼性に影響をきたして正しく測定できなくなるおそれがある。

　また、一般に、たとえ真正であっても大きな災害を描出すると、受験者、特に身近に経験のある受験者に心理的な葛藤を引き起こし、解答の際に能力を適切に発揮できないことを懸念し出題を控えることがある。こちらはセンシティビティ・チェックと呼ばれ、上記のような例もあれば、ある文化圏での考え方や論争などにより出題を控えるものもある。

　学習段階が高くなると困難度を理由とした真正な出題の制約は、その段階により緩和して行くが、テストの目的が言語能力の測定である限り、妥当性が真正性に優先することは変わらない。

　一方真正性の目標言語使用領域における言語使用課題からテスト問題への反映の度合いという定義に還るとき、試験の規模が大きくなり、受験者の層が広がれば広がるほど、そもそも「目標言語使用領域」が受験者によって異なるという事態も発生する。ビジネステストやアカデミックテストは一定の目標言語使用領域を想定しているが、就職が目標の受験者も、留学が目標の受験者も受験する一般的な言語テストの場合、本来の目標言語使用領域が必ずしも一致しないことから、厳密に言えばある受験者にとって真正な設問は、別の受験者にとっては目標言語使用領域外になる。

　テスト問題における真正性の獲得には、以上のようなテストという場面による制約、測定機能という使命による制約があり、また受験者層の多様化によってそ

もそも何が真正であるのかがずれを生じてしまう場合もあるなど、つねに真正とは何かを、受験者にとっての目標言語使用領域にまで立ち返って検討すること、真正性について妥当性を損なわない程度に盛り込むことが求められる。

しかし、多くの人にとっては言語学習の目的が目標言語使用領域での課題遂行ということであるならば、テスト開発者は、上記のような真正性に関わるさまざまな問題に目を向けながらも、妥当性の大きな源泉である真正性を、常に念頭におく必要がある。そのような制約下で、テスト開発者は目標言語課題そのものの写しでなく、特に測定に必要な部分、あるいは必ずしも必要でない部分を意識しつつ編集し、真正性を適切に織り込んでテスト課題を構築することが期待される。

2.7　関係者（stakeholder）と波及効果（washback effect）

教室の中で行われる試験の関係者は、受験者、受験者を教える教師、試験実施者（教師が兼ねることも多い）らが一般的だが、広く社会で行われる大規模試験においては、さらにこの関係者が拡大する。企業の採用担当者は採用や昇進に際し、また高校・大学の入試・受け入れ担当者は受け入れに際して、試験結果を判断材料として参照する。

波及効果とはテストの内容が受験者や教師、教育機関、企業、それら関係者を含む社会に与える影響のことを言う。学習者や教師にとって言語テストの目的は、本来、学習の結果ある習熟度に達しているかどうかを確認するものである。しかし、テストでの合格がひとつの到達点に達したことを社会に示すものとなり得、進学や就職などでも利用される指標になることから、テストに合格することが学習や指導の大きな動機となる場合がある。波及効果はその強力な動機づけを背景に現れる、個人的・社会的現象であり、利害関係の大きいテスト（high stakes test）ほどその影響が大きいと言える。

学習内容そのものよりもテストの出題傾向を把握し、より高く得点するためのストラテジーを会得するなど受験対策に時間を割いてしまうというのは波及効果の一例である。また、特定の出題形式に着目して、その練習に力を注ぐというのは、本来学習の成果として獲得した能力を確認するためのテスト形式が、学習そのものを方向づけているということであり、これも一種の波及効果である。

このように波及効果は受験者や関係者、関係機関が受験対策に集中して、いわゆるテストテイキング・ストラテジーの習得を促したり、テストに出題される科

目や出題形式が優先して学習されたりするという行動に現れる。テストそのものの目的と、学習者や教師、学習機関の目指す学習目的の方向性がどのように対応しているかにもよるが、テストの波及効果によって、本来の学習されるべき事項の優先順位が低くなったり、学習されなかったりすれば学習には負の影響があり、一方、本来学習されるべきだが怠りがちになる事項が学習されるよう動機づけられれば、良い影響があると言える。

　これらの波及効果については、テストがその目的とするところの測定と、関係者、社会との関係性にもよるため、テストだけが考慮すべき事柄とは言えないが、大規模であればあるほど、そして利害関係の大きいテスト（high stakes test）ほど、テストもその社会的な波及効果を見通しておく必要がある。

　なお個々の特質やその総和である有用性が、さらに別の社会制度の要請に応えていれば、試験結果（合否、得点）は、さまざまな社会制度においても必要に応じて参照されるようになる（例えば日本語能力試験の社会的利用については下記例）、その際には試験の関係者は新たに追加された制度の運営者、利用者などの関係者も含むことになり、ますます多くの利用者にとって波及効果が及ぶことになるのである。

日本語能力試験の社会における利用例
（この他にも多くの国家資格などで受験の前提として日本語能力試験各レベルの合格が利用されている）

・日本の出入国管理上の優遇措置を受けるためのポイント
「高度人材に対するポイント制による出入国管理上の優遇制度」で、日本語能力試験N1の合格者は、15ポイントを得ることができる。ポイントの合計が70点以上の場合に、出入国管理上の優遇措置が与えられる。

・外国の医学校を卒業し、又は外国において医師免許を得た人が日本の医師等国家試験を受験するためには、日本語能力試験のN1に合格していることが前提のひとつとなる。

2.7 関係者（stakeholder）と波及効果（washback effect）

・日本の中学校卒業程度認定試験において、日本語能力試験のN1もしくはN2に合格していれば、一部の試験科目（国語）の免除が受けられる。

・EPAに基づくベトナムからの看護師・介護福祉士の候補者選定の際、要件のひとつとして課している。

　ここまで有用性とそれを支える特質について検討してきたが、これらの概念は理論的であり抽象的なものであり、実際には個々のテストの目的に合わせ検討され、具体的に確認され、規定されていく。さらに問題項目のみならず、開発過程も標準化されることにより、時を経ても品質が劣化、変動せず安定することで目指すものである。

第3章　大規模テスト開発の流れ

　この章では、大規模テストを開発する際にどのような手順がとられるかについて解説する。実際のテスト開発場面では個々のテストに固有の事情があるため、ここでは一般的な手順について述べる。具体的な言語テストに関してどのような手順で開発されているのかについては、各テストのホーム頁などを参照されたい。

3.1　テストの設計

　テストの開発にあたってはまず開発全体の計画を立てるとともに、そのテストの仕様 (specification) を確定する必要がある。仕様とは設計図に相当するもので、この段階でテストに含めるべき内容の大枠を決める。そのためには、測定しようとする能力や特性に関して理論的な検討を十分にしておくことが重要である。後に述べる「内容的妥当性」はこの段階で決まってしまう。

　また、測定内容だけではなく、
- 実施方式は Paper based か Computer based か、
- 項目のタイプは論述式か客観式か、
- 検査時間は実際にどの程度とするのか、
- 実施方法は、集団で一定数の受験者に対して一斉に実施する集団式か、テスターと受験者が1対1で実施する個人式か
- 補助道具（例えば、会話場面を描いた絵など）は必要か、
- 解答用紙を別紙にするか、問題冊子に直接記入させるか
- 採点方式は、機械採点をするか、人の手で採点するか

など、開発するテストに応じてきめ細かく決定する必要がある。

　さらに、測定対象（想定される受験者像）が明確化されていなければ、妥当性に影響するし、テスト作成に使える時間・予算・人的資源はどの程度かを見積もる必要もある。

　CBT方式の場合、項目作成やテスト結果の管理などで、また、項目プールおよび受験者の個人情報の守秘などで、特別な配慮が必要になる。

3.2 問題項目の作成

テストの仕様が決まったならば、具体的な問題項目の作成に入る。そのためには、項目の形式とその特徴について知っておく必要がある。テスト項目は大きくは論述式と客観式の2つに分類される。

論述式の項目は、図3.1に示すように、自らの考えを文章にして表現する形式で、例えば、解答者独自の発想を正確に捉えることができる、解答者の自分の考えを論理的に表現する力を見ることができる、などの利点がある一方で、採点基準があいまいになる、解答に時間がかかるためテスト時間との関係から出題範囲が狭くなる、などの難点がある。

問題
〈A〉ある人は肉や野菜、米や小麦などの食糧は輸入に頼らず、全部国内で作ったほうがいいといいます。
〈B〉また、ある人は一部は外国からの輸入に頼ってもいいと言います。
〈A〉か〈B〉のどちらかの立場にたって、賛成の理由を書いてください。

（日本留学試験平成16年度第1回試験より）

図3.1　論述式の項目例

これに対して、客観式の項目は、図3.2に示すように、提示された選択枝を選ぶ、あるいは、短い質問や文章中の空欄に適切な言葉や数字を入れるなど、解答の素材が与えられている形式の項目で、例えば、採点が容易で信頼性（客観性）

問　次の文中の（　　　）の中に入る言葉を1から4の中から最も適切なものを選んで答えなさい。

街を（　　　）していたら、山本さんに会った。
　1．ぐらぐら　2．がらがら　3．ばらばら　4．ぶらぶら

（日本語能力試験　公式問題集N2　問題4-12）

図3.2　客観式の項目例

が高く、1項目あたりに要する解答時間が短く、広い範囲の内容について問えるため、得られる情報量が多いという利点を持つ一方で、問題作成に熟練を要する上に時間がかかる、単に知識を問うテストになってしまう可能性があるなどの難点もある。ただし、大学入試センター試験の国語問題のように、選択枝を十分に構造化すれば、思考過程のかなり複雑な事柄も測定できる。

　どちらの形式が優れているかという問題ではなく、開発するテストの目的・制限などに照らして、適切な形式を選ぶことが大切である。例えば、日本語能力試験の場合、全世界規模で、多数の受験者に対して公平かつ信頼のおける試験を限られた時間内で実施し結果を受験者に返す必要があるため、基本的には客観式の項目が採用される。

　なお、次の段階の「予備テスト」で削除される項目があるため、この段階で項目は最終的に必要な数よりも多めに作成しておく必要がある。

3.3　予備テスト

　作成された項目の良い悪いを検討するデータを得るために、テストが測定対象とする受験者と同質の人々に実施する。項目分析のための統計指標の値が安定するために、一般に300ないし400名以上に対して実施することが望ましいとされている。人数も問題であるが測定対象からの適切な標本集団に出来る限り近づけることが望ましい。例えば、日本語の試験を作成するのに、韓国語母語話者のみで実施しても意味がないということである。

　この段階では、テスト時間を十分にとる必要がある。それは、この段階で必要な情報は、受験者個人の得点ではなくて、項目の性能に関するものであるから、無答が多いと「できないのか」「時間がなかっただけ」なのかがわからず、肝心の情報が得られないからである。

　この予備テストは良質のテストを実施するのに欠かせない段階であるが、日本の大規模テストでは実施できないものが多い。それは、予備テストした項目の漏洩可能性に配慮するからである。TOEFLなど米国で開発されるテストでは、将来テストに用いる項目を本試験の中に混ぜ込んで予備テストとしている場合がある。ただし、問題項目は公開されず、問題例が公式のガイドブックなどに掲載される。また、予備テスト項目は採点の対象外である。日本では問題項目を公開してしまうテストが多く、そのために同様の方式を用いることが難しい。また、非

公開問題を復元するというテスト文化も無視できない。

3.4 項目分析

　項目分析の段階では予備テストで得られたデータをもとに統計的方法を用いて各項目の特性を検討する。その結果、統計指標から考えて、よい特性値を示す項目は本テストで利用する項目の候補となるが、特性値の悪い項目については、改良したり、削除したりする。項目プールを備えたテストの場合には、特性値のよい項目は項目プールに入れられる。この段階では、項目の困難度、識別力、等質性などが検討される。困難度とは各項目の難易度のことをさし、極端に難しい、あるいは易しい項目は除外する。また、識別力とは各項目が受験者間の能力や特性の程度の違いをどの程度正確に捉えることができるかをさし、低い項目は削除される。等質性は困難度や識別力と異なり、項目単体での特性ではなく、テストに含まれる一群の項目が同一の特性を測定しているかどうかを表わす。また、多枝選択形式の項目では選択枝の選択状況を検討して、選択者が特に少ない選択枝は修正するか取り替えたり、高能力群で正答以外の選択枝の選択者が多い場合は、問題文中に誤解を招きやすい表現がないか正答が確かに正答になっているか、などについて検討する。

　これらの特性を表わす統計指標および分析法について、詳しくは第4章で述べる。

3.5 項目プールとテストの編集

　項目分析で残った項目から、最終的にテストに用いる項目を選び出すが、テストの信頼性および妥当性が高くなるように選択する。信頼性とはテストの測定精度を表わす概念で、簡単に言うと、テストを同一の受験者に何回実施しても同じ結果が得られるか、ということであり、妥当性とはテストが設計段階で測定することを意図した特性を確かに測定しているかどうかを表わす概念である。

　特別な理由がない限り、ひとつのテストではひとつの特性のみを測定するように構成することが望ましい。複数の特性について測定したい場合には複数のテストを用意する。そうでないと、各特性の測定について信頼性が低くなってしまう。例えば、日本語能力試験のN1レベルでは、「言語知識」「聴解」「読解」の3科目

から構成されているが、この場合、各科目のテストのことをテスト理論では「下位テスト」と言い、その下位テストに含まれる項目はすべて同一の特性を測定する項目でなければならない、ということである。この試験の場合、日本語能力を「言語知識の運用力」「聴解能力」「読解能力」の3つの側面から測定するような設計になっている。各能力について精度の高い測定を実施するために、個別の下位テストを用意している。その際に下位テストに含まれる項目は全体として当該下位テストが測定しようとする能力を十分な精度を持って測定できるように、構成されなければならないということである。

TOEFL、IELTS、TCFをはじめ欧米系の言語テストでは「項目プール」が用意されている。これは、既に予備テストを経て、特性値が既知の項目が多数蓄えられた総体を水が蓄えられたプールに例えて表わされている。予備テストの結果、いい特性を示した項目が項目プールに入れられ、逆に、テストを作成するときは、項目プール中の項目から適宜選択して編集できる。このようなしくみをテストが備えている場合には、テスト開発者が意図した性能を持ったテストを編集し、実施することができる。このことによって、テストが実施時期の違いを問わず、一定の性能を持つ測定が実現できるように制御可能となる。

3.6 解釈基準の作成

テスト得点は、数値それ自身では意味を持たず、特定の受験者の得点について何らかの意味づけや解釈を行なうためには、何らかの基準や枠組みが必要である。心理テストなどでは、「年齢に照らして相対的に優れている」とか、「青年期の女性にしては外向性が高い」などと集団の中での相対的な位置で解釈されることが多い。すなわち「集団基準」である。言語テストの場合も熟達度テストの場合は、得点解釈の基準となる準拠集団を設定して、その集団の得点分布内での相対的な位置を手がかりにしてテスト得点の解釈を行う。そのため、予めテストを準拠集団に実施しておいてその結果をもとに基準を作成しておかなければならない。そうすると、異なる時期に複数回実施されるテストの場合、テストに含まれる問題項目が時期毎に異なるため、時期毎に準拠集団を設定する必要があることになるが、時期間で得点尺度の等化ができて、一度準拠集団を決めてしまえば、(時代の変化などを考えなければ) 長期間に渡って集団基準を変更する必要はない。

本書の守備範囲ではないが、クラスルーム・テストの場合には、このような集

3.6 解釈基準の作成

団基準で得点の解釈を行うのではなく、教育目標が明確ならば達成基準も自ずから決まり、予め絶対的な基準を設けることができる。このような解釈基準を「内容基準」と言う。

　大規模言語テストでも最近は集団基準だけではなく、Can-do statements による能力基準の記述が試みられ、テストである範囲の得点を示した受験者が実際の言語行動でどのようなことができる可能性が高いかを示す傾向にある。ある水準の得点を示した受験者が具体的に「できること」(「できないこと」) の可能性を示すことによって、テストの利用者にわかりやすく結果を伝える試みである。ただ、すべての言語行動を網羅して表わすことができるわけではなく、言語行動の標本が示されているものであることに注意が必要である。

第4章　テスト項目の分析

4.1　項目分析のためのデータ

　予備テストの結果、受験者の項目に対する正答－誤答の状況がデータとして得られるが、それは表4.1に示すような、受験者×項目の矩形行列として表現される。そして、受験者毎に正答した項目数を数えて正答数得点を求める。この項目応答行列を基本にして項目分析が実施される。

　表4.1は、10項目から構成されるテストを20名の受験者に実施した予備テス

表4.1　項目応答行列

項目分析計算用データ											
受験者	名前	項目1	項目2	項目3	項目4	項目5	項目6	項目7	項目8	項目9	項目10	正答数得点
1	梅田	1	0	1	0	0	0	0	0	0	0	2
2	中津	0	1	1	0	0	0	0	0	0	0	2
3	三国	0	1	0	1	0	0	0	0	0	0	2
4	服部	1	1	1	0	0	0	0	0	0	0	3
5	曽根	1	0	0	1	0	0	0	0	0	0	2
6	石橋	1	1	0	0	1	0	0	0	0	0	3
7	池田	1	0	1	1	0	0	0	0	0	0	3
8	川西	1	1	1	0	0	1	0	0	0	0	4
9	能勢	1	1	1	1	0	0	0	0	0	0	4
10	山本	1	0	1	1	1	0	1	0	0	0	5
11	中山	1	1	1	1	0	0	1	0	0	0	5
12	南方	1	0	1	1	1	1	0	1	0	0	6
13	淡路	1	1	1	0	1	1	0	0	1	0	6
14	相川	1	1	1	1	1	1	0	1	0	0	7
15	茨木	1	1	1	1	1	1	1	0	0	0	7
16	富田	1	1	1	1	1	1	1	1	0	0	8
17	長岡	1	1	1	1	1	0	1	1	0	1	8
18	桂	1	1	1	1	1	1	1	0	1	1	9
19	大宮	1	1	1	1	1	1	1	1	0	1	9
20	河原	1	1	1	1	1	1	1	1	1	0	9
正答率		0.9	0.8	0.8	0.65	0.55	0.5	0.4	0.3	0.15	0.15	平均5.2
項目分散		0.09	0.16	0.16	0.228	0.248	0.25	0.24	0.21	0.128	0.128	分散6.26
点双列相関		0.426	0.44	0.39	0.52	0.795	0.679	0.751	0.689	0.47	0.582	
α係数	0.785											

トの結果で、例えば7番の池田さんは、項目1, 3, 4の3項目に正答して、正答数得点は3点である。

4.2 正答率——困難度を表わす指標

項目の困難度を表わすのに、正答率（通過率）と呼ばれる指標が用いられる。これは当該項目に正答した受験者の全受験者に対する比率で、項目 j の正答率 π_j は、

$$\pi_j = \frac{1}{N} \sum_{i=1}^{N} u_{ij} \tag{4.1}$$

ここで、j は項目番号、i は受験者、N は全受験者数を表わし、

$u_{ij} = 0$　ならば　誤答
　　　$= 1$　ならば　正答

である[1]。

表4.1の項目3では「3 三国」「5 曽根」「6 石橋」「12 南方」の4名以外は正答しているため、20名中の16名が正答、正答率は0.8である。

正答率は受験者全員が正答すれば1.0、全員が誤答すれば0.0になり、

$$0 \leq \pi_j \leq 1$$

の範囲の値をとる。0に近い項目は困難度が高く（難しく）、1に近い項目は困難度が低い（易しい）が、0や1に近い項目は当該受験者集団にとって易しすぎるか、難しすぎる項目で測定するのにあまり意味がないので削除する。そして、おおむね、0.2ないし0.3から0.8ないし0.9程度の項目を残すことが多い。ただし、テスト状況や解答方法に受験者が慣れることを目的として、テストやテスト中の問題の最初の方に意図的に易しい項目を配置しておくこともある。

なお、この正答率は受験者集団が異なると値が変化し、項目に固有の困難度を

---

[1]　【Σ記号】n コのデータがある時に、それらすべての和をとることをΣ記号（シグマ記号）を使って表わす。すなわち、

$$\sum_{i=1}^{n} x_i = x_1 + x_2 + \cdots + x_n$$

と右辺の計算を左辺のように簡潔に表わすことができる。ここで、データ $x_i, i = 1, \cdots, n$ がすべて定数 C に等しい場合は、C の n 倍になる。すなわち、

$$\sum_{i=1}^{n} C = nC$$

表わすものではないことに注意しなければならない。ひとつは標本変動による値の変動であるが、もうひとつは、例えば、漢字の書き取り問題で同一の漢字でも、受験者の学年が異なれば正答率の値が変化するという受験者の属性（この場合は学年）による変動である。

4.3 点双列相関係数——識別力を表わす指標

項目の識別力を表わすのに、点双列相関係数と呼ばれる指標が用いられる。点双列相関係数は、一般の相関係数で一方の変量が 0 か 1 の 2 値しかとらない場合に特にこのように呼ばれる。項目分析の文脈では項目得点が正答の場合は 1、誤答の場合は 0 と表わされる 2 値型変量であるため、点双列相関係数になる。項目得点が正答か誤答かではなく、段階のついた得点、例えば、0, 1, 2, 3 など 4 段階で採点されている場合には、項目-テスト間相関係数として一般の相関係数が用いられる。

点双列相関係数は、

$$r_j = \frac{\bar{X}_j - \bar{X}}{S_X} \sqrt{\frac{\pi_j}{1 - \pi_j}} \tag{4.2}$$

ここで、$\bar{X}$ はテスト得点の平均、

$\bar{X}_j$ は項目 j に正答した受験者のみについてのテスト得点の平均、

S_X はテスト得点の標準偏差、

をそれぞれ表わす。

表 4.1 の項目 3 では「3 三国」「5 曽根」「6 石橋」「12 南方」の 4 名以外は正答しているため、既に述べたように正答率は 0.8 であり、16 名の正答者のテスト得点の平均値は 5.69、全受験者の平均が 5.2、標準偏差が 2.50 であるから、これらを (4.2) 式に代入すると、点双列相関係数の値は 0.39 になる。

点双列相関係数の値は一般の相関係数と同様に解釈できるが、項目分析では 0.2 を下回る項目に関して識別力が不足しているとして削除対象としたり、項目の改良を行ったりすることが多い。ただし、この基準は絶対的なものではなく、テストが測定する特性やテストが用いられる状況なども勘案して設定しなければならない。

なお、項目数の少ないテストの場合には、X にテスト得点ではなく、テスト得

点から当該項目の得点を引いたものを用いることが望ましい。そのままでは、X に当該項目の得点が含まれているために相関係数の値を押し上げる効果が影響するからである。

4.4　α係数──等質性を表わす指標

「3.4 項目分析」で既に述べたが、等質性は困難度や識別力と異なり、項目単体での特性ではなく、テストに含まれる一群の項目が同一の特性を測定しているかどうかを表わす。この程度を示す指標としてα係数が用いられる。例えば、日本語の聴解能力を測定する試験に含まれる項目はすべて「聴解力」という特性を測定する機能を果たしていることが必要であり、項目の一部が解答選択枝に含まれる文字を理解する能力の影響を強く受けているような場合には「聴解力」を測定するテストとしての等質性が損なわれ、α係数の値が低くなってしまう。

点双列相関係数がテストに含まれる項目群全体で高い値を示す場合も、そのテストの等質性が高いと言える。α係数は単一項目ではなく項目群全体での等質性を表わす指標である。

α係数は、

$$\alpha = \frac{n}{n-1}\left\{1 - \frac{\sum_{j=1}^{n} s_j^2}{sx^2}\right\} \qquad (4.3)$$

ここで、n は項目数
　　　　s_j^2 は項目 j の分散
　　　　s_X^2 はテスト得点 $X = \sum_{j=1}^{n} X_j$ の分散
をそれぞれ表わす。

α係数の最大値は1.0であるが、能力を測定するテストでは少なくとも0.8を超える値が、性格特性や態度を測定する検査尺度では少なくとも0.7を超える値が必要である。ただし、この基準は絶対的なものではなく、そのテストの実施目的、受験者個人の処遇や社会的影響の強さなどに応じて変わることに注意する必要がある。

4.5 G-P 分析

多枝選択形式の項目では、単に正答か誤答かだけではなく、選択枝の選択状況についても検討する。

一般に、正答数得点などのテスト得点に基づいて、受験者群を上位群・中位群・下位群の 3 群に分割して選択枝とのクロス集計を実施して、各群毎の選択枝選択状況を検討する。例えば表 4.2 のようなクロス表の形で表わされる。この項目は 5 枝選択形式で正答選択枝が B である。受験者は各群毎に 200 名で選択枝毎に選択者数とその百分率とが表示される。

表 4.2 では、上位群・中位群・下位群各 200 名と 1/3 ずつであるが、上位群と下位群を 27%、中位群は 46% とする場合もある (肥田野, 1972)。上位群ほど、正答選択枝を選んだ人数が多く、正答以外の選択枝 (錯乱枝と呼ばれる) は全体として比較的均等に選ばれていることが望ましい。表 4.2 の場合は、正答選択枝 B の選択者数が上位群から順に 164 名、96 名、44 名 (百分率では 82%、48%、22%) と減少し、各選択枝の選択率は全体で選択枝 A から順に 12.3%、50.7%、13.7%、8.3%、5.7% で、正答率は 0.507、錯乱枝はほぼ均等に選択されている。極端に選択者の少ない選択枝がある場合には、選択枝としての機能を果たしていないため取り替えるなど再検討する。また、正答選択枝の選択者が下位群の方が多い場合には、問題作成者が設定した正答が本当に正答になるのかについて再検討する必要がある。

表 4.2 項目分析表の例

選択枝	A	B*	C	D	E	無答
上位群 (名)	6	164	20	8	2	0
(%)	3	82	10	4	1	0
中位群 (名)	30	96	22	24	8	20
(%)	15	48	11	12	4	10
下位群 (名)	38	44	40	18	24	36
(%)	19	22	20	9	12	18
全体 (名)	74	304	82	50	34	56
(%)	12.3	50.7	13.7	8.3	5.7	9.3

B が正答選択枝

また、わが国では大規模試験で予備テストの実施が困難な場合が多いことを既に述べたが、そのような場合には事後的に項目分析が実施される。その場合、実際の試験における受験者データを利用して、図4.1に示すような項目分析図が用いられる。図4.1では受験者を上位・中位・下位の3群ではなく、10の得点段階に分割している。図4.1aに示された項目は、正答率0.565　識別力0.546と中程度の困難度で高い識別力を持つ項目であり、正答選択枝1の選択率が得点段階が上がるにつれて上昇している様子が明らかであり、受験者の能力水準の違いを明確に識別している。また、錯乱枝は比較的均等に選択されている状況が明らかである。

　これに対して図4.1bに示された項目は、正答率0.188　識別力0.088と困難度の高い（難しい）項目で、識別力が極めて低い項目である。正答選択枝4は得点段階1から9まで選択率に大きな変化がなく、得点段階10でかろうじて上がっているが、このことは得点段階1から9までの能力水準の違いが正答―誤答に反映せず、識別していないことを表わしている。この項目の場合、選択枝1が他の選択枝に比べて選択率が得点段階を問わず高く、何らかの問題のあることが示唆されている。内容的に十分検討する必要がある。

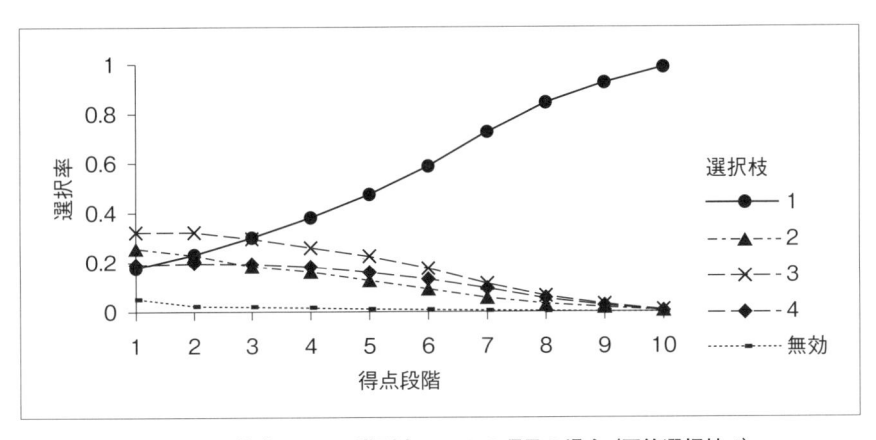

図 4.1a　正答率 0.565、識別力 0.546 の項目の場合（正答選択枝 1）

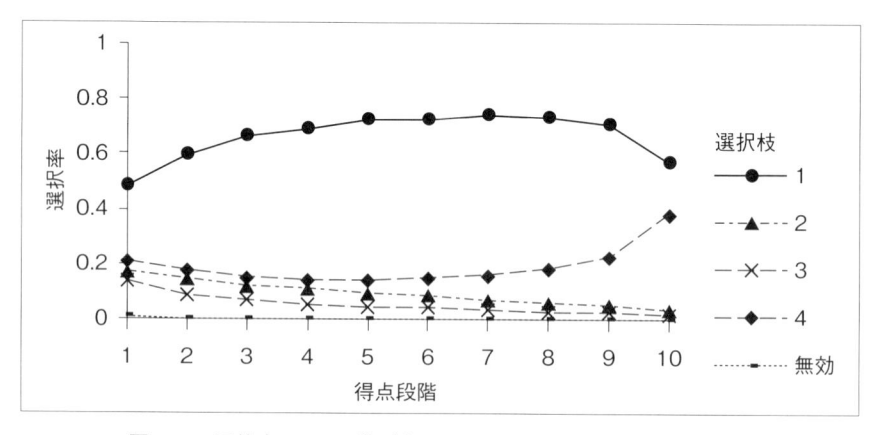

図 4.1b　正答率 0.188、識別力 0.088 の項目の場合（正答選択枝 4）

4.6　因子分析

　言語テストに限らず、一般に実験や調査を実施した結果得られたデータを分析して、そこから有用な結論を導き出すタイプの研究は人文・社会科学においても重要な位置を占めている。その中で、受験者や調査協力者から、多数の測定（観測）変量やテスト項目に対する応答のデータが得られた時に、これらをそのまま分析し、その結果を解釈するのではなく、関連性の高い（相関係数の高い）変量あるいは項目の背後には、それらに共通に反映する「潜在的な変量」(latent variable)が存在することを仮定して測定（観測）された情報をそこに圧縮して表現することにより、変数や項目の測定する構造をより明らかにするという統計的な方法が用いられることがある。このような統計的方法のひとつに「因子分析法」がある。
　表 4.3 はスピアマンの相関行列と呼ばれ、心理学で有名なものであるが、古典、フランス語、英語、数学、音程弁別、音楽の 6 科目のテスト得点間の相関係数を示している。この表にある相関係数はいずれも中程度以上の大きさを示しており、スピアマンはこれらの背後には単一の能力特性が仮定でき、人間の知的能力は単一の潜在特性であらわされる、とした。これは「スピアマンの一因子説」と呼ばれている。
　実際のデータを分析する場合には、6 変量ではなくもっと多くの観測（測定）変量間の相関係数から複数の潜在変量を見つけ出すことが多いが、そのような分析を実行できるのが「因子分析法 (factor analysis)」である。詳しくは、例えば芝

(1979) などを参照されたい。

表 4.3　スピアマンの相関行列

	古典	フランス語	英語	数学	音程弁別	音楽
古　典	1.00	0.83	0.78	0.70	0.66	0.63
フランス語		1.00	0.67	0.67	0.65	0.57
英　語			1.00	0.64	0.54	0.51
数　学				1.00	0.45	0.51
音程弁別					1.00	0.40
音　楽						1.00

この因子分析法を項目分析の過程でテストに含まれる項目間相関行列に適用した時に、得られる因子数によって、「等質性」を検討することができる。具体的には、因子分析で主因子解と呼ばれる解を計算する際に得られる相関行列の固有値を大きさの順にプロットして、急激に小さくなる直前までの固有値の個数を因子数とする「スクリーテスト」が利用できる。ある大規模言語テストの固有値を計算した例を表 4.4 に示すが、領域 1 は「文字や言葉の意味に関する知識」を、領域 2 は「聴き取りにより理解する能力」を、領域 3 は「文法に関する知識や文章を読み取り理解する能力」をそれぞれ測定している。このようにひとつのテストが複数の下位領域に分かれている場合には下位領域毎に因子数を検討する。なお、下位領域は下位テストとか下位尺度と呼ばれることが多い。因子数の決定にあたっては固有値の絶対的な大きさは項目数に影響されるので、第 1 固有値と第 2 固有値の比 λ_1/λ_2 に注目する。この場合はいずれの領域についても 1 因子性が高いが、特に領域 2 で顕著である。

表 4.4　ある大規模言語テストの相関行列の固有値

（大きいものから 5 つまでを示す）

	領域 1	領域 2	領域 3
第 1 固有値 (λ_1)	17.650	8.732	11.788
第 2 固有値 (λ_2)	3.740	0.669	2.010
第 3 固有値 (λ_3)	1.926	0.314	0.983
第 4 固有値 (λ_4)	1.175	0.287	0.841
第 5 固有値 (λ_5)	0.848	0.221	0.642
λ_1/λ_2	4.719	15.052	5.865

【補足】 2値データの相関係数——φ 係数とテトラコリック相関係数

項目に正答ならば1点、誤答ならば0点というように、項目得点は2値型データとして表現されることが多い。変量が2値型の場合に相関係数の取り扱いに少し注意が必要となる。2値型変量間で通常の相関係数を計算した場合を特にφ（ファイ）係数と呼ぶ。φ 係数はデータが表4.5に示すように度数（人数）で与えられている場合には、

$$\varphi = \frac{n_{00}n_{11} - n_{10}n_{01}}{\sqrt{n_1 \cdot n_0 \cdot n_{\cdot 1} n_{\cdot 0}}} \tag{4.4}$$

で計算する。

表4.5　2値型変量のクロス表

変量		Y		
		0	1	計
X	0	n_{00}	n_{01}	$n_0.$
	1	n_{10}	n_{11}	$n_1.$
	計	$n_{\cdot 0}$	$n_{\cdot 1}$	n

例えば、表4.6に示すようなクロス表で表わされるデータが与えられている時に、φ 係数は、

$$\varphi = \frac{10 \times 20 - 6 \times 4}{\sqrt{26 \times 14 \times 24 \times 16}} = .471$$

になる。

表4.6　2値型データのクロス表の例

変量		Y		
		0	1	計
X	0	10	4	14
	1	6	20	26
	計	16	24	40

φ - 係数を求めるのに特別な計算プログラムは必要なく、通常の相関係数を計算するプログラムをそのまま用いればよい。

ただし、相関係数は -1 と $+1$ の間の値をとり、したがって φ 係数についても $-1 \leq \varphi \leq +1$ ではある。条件によっては取り得る最大（小）値が制限を受けること

に注意が必要である。

例えば、表 4.7 に示すデータの場合、すなわち、周辺度数が固定している場合には、表 4.8 で最大値 0.899 をとり、表 4.9 で最小値 −0.599 をとる。すなわち、φ 係数のとり得る値の範囲が制限されてしまう。

表 4.7　周辺度数が固定されているクロス表

変量		Y		
		0	1	計
X	0	n_{00}	n_{01}	14
	1	n_{10}	n_{11}	26
	計	16	24	40

表 4.8　φ 係数が最大値をとる場合

変量		Y		
		0	1	計
X	0	14	0	14
	1	2	24	26
	計	16	24	40

表 4.9　φ 係数が最小値をとる場合

変量		Y		
		0	1	計
X	0	0	14	14
	1	16	10	26
	計	16	24	40

どのような場合に +1.0 や −1.0 になり得るのかというと、表 4.10 のような場合に +1.0、表 4.11 のような場合に −1.0 になる。すなわち、2×2 のクロス集計表の対角線の部分が 0 になっている場合に限り、+1.0 または −1.0 になり得る。

このことが、テスト項目の分析をする際に影響することがある。すなわち、1 因子性の強い項目群から構成されるテストでも、項目の通過率が等しくない限り、項目間相関係数（φ 係数）が +1.0 を示すことはないということが、その後の分析に影響を与える。例えば、φ 係数で得られた項目間相関行列を因子分析した場合に、項目の困難度に関係する因子が抽出されてしまい、因子数を過剰に評価してしまうことが起きることがある。

表 4.10　φ係数が +1.0 になる場合

変量		Y 0	1	計
X	0	10	0	10
	1	0	30	30
	計	10	30	40

表 4.11　φ係数が −1.0 になる場合

変量		Y 0	1	計
X	0	0	10	10
	1	30	0	30
	計	30	10	40

　これに対して、2つの変量のいずれもが2値（0または1）のみをとる2値型変量として観測されるが、各変量の背後に連続的な潜在変量が存在し、それらの潜在変量が相関 r_{tet} で2変量正規分布することが仮定される場合に、r_{tet} をテトラコリック（四分）相関係数と呼ぶ。r_{tet} は φ 係数を計算するものと同一の表4.5から推定される。

　項目間相関行列を因子分析する場合に相関係数に何を用いるかが問題になるが、テスト項目の場合、その項目に正答するか誤答するかに連続的な理解度の水準が反映すると考えられるので、φ 係数よりもテトラコリック相関係数を用いることが望ましい。実際にテトラコリック相関係数を推定する計算プログラムは少なく、例えば、Olson（1979）による最尤推定法を用いて計算する EasyEstimation（熊谷，2009）がフリーソフトウェアとして利用できる。

第5章　テストの妥当性の検討

5.1　妥当性の捉え方

　妥当性は一般に、内容的妥当性、基準関連妥当性、構成概念妥当性の3つの観点もしくは側面から検討される。これらの妥当性は、APA, AERA, NCME (1954, 1955, 1974) の Standards for educational and psychological tests and manuals (『テストおよび手引き書に関する規範』) で3つの「タイプ」の妥当性として取り上げられている。妥当性は相互に重なった概念ではあるものの、内容的妥当性、基準関連妥当性、構成概念妥当性に分けて捉えられていた。

　これに対して Messick (1989) 前後から妥当性の捉え方に変化が生じ、現在では妥当性を単一の概念 (unitary concept) として捉え、「構成概念妥当性」を中心に据えて、それを確認する方法により、異なる妥当性の側面が強調されるという整理の仕方がされるようになっている。

　Messick (1989) は、「妥当性とは、テスト得点またはそれに類する他の評価法をもとにして行う推論と行為の相応性ならびに適切性について、それを支持する経験的証拠と理論的理由づけの度合いを示す総合的な評価判断をいう (池田央訳, 1992)」と定義し、さらに、Language Testing 誌で Messick (1996) は、「構成概念妥当性に関する区別可能な5側面が、単一化された概念として妥当性を認識する際に、潜在的に含まれる重要な論点を明らかにする手段として強調される」として、1) 内容的側面 (content aspect of construct validity)、2) 実質的側面 (Substantive aspect of construct validity)、3) 構造的側面 (structural aspect of construct validity)、4) 一般化可能性の側面 (generalizability aspect of construct validity)、5) 外的側面 (external aspect of construct validity)、5) 結果的側面 (consequential aspect of construct validity) の5側面を挙げている。

i)　内容的 (content) 側面は、テストに含まれる内容が想定された構成概念の測定領域を適切に代表しているか、また、設問の指示や形式、解 (回) 答形式などが技術的に適切な質的水準を保持しているかを問題にする。

ii)　実質的 (substantive) 側面は、理論的に想定される (認知) 過程がテスト課題

に対する受験者の応答の中に実際に組み込まれている、ということが経験的な根拠をもって示されるかという、理論的な合理性を問題にする。
iii) 構造的（structural）側面は、テストの得点尺度が構成概念領域の構造をどれだけ忠実に反映しているかということで、項目間の相関の程度や採点基準の内部構造などを問題にする。
iv) 一般化可能性（generalizability）の側面は、観測された得点の性質やその解釈が受験者の母集団グループ、テスト実施状況、テストに含まれる課題、評定者などを超えてどこまで一般化できるかを問題にする。
v) 外的（external）側面は、外在基準との相関など関連の度合いを問題にする。外在基準に同一の構成概念を測定する他のテストを取り上げた時の相関の高さ（収束的妥当性）、逆に外在基準に別の異なる構成概念を測定するテストを取り上げた時の相関の低さ（弁別的妥当性）を根拠とする。例えば、多特性－多方法行列（Campbell & Fiske, 1959）などから検証される。
vi) 結果的（consequential）側面は、テスト得点を解釈・使用する際に社会的な影響があるか、とりわけ、washback のみならず、バイアス、公平性、受験希望者が等しく受験の機会が与えられる（distributive justice）、などの問題に関係した妥当性を低減させる原因に関してテストを使用した結果から引き起こされる、社会に対する実際の影響および影響の可能性のみならず、行動の根拠となる得点解釈に含まれる価値的側面を査定する。

　テストの妥当性の中に、テストの使用場面の適切さや社会的影響までを含め、妥当性の概念をそれ以前に比べて拡張している。Messick の議論はテストを開発し利用する際に重要な視点を提起している。テストそのものの妥当性とテストの使用に関する適切さは分けて考えることも実際には必要であり、先に述べた Cambridge English Language Assessment や Bachman & Palmer (1996) では妥当性の定義を Messick に比べて範囲を限っている。

5.2　妥当性の確認

　ある新しいテストの妥当性を確認するに際して、同様の構成概念を測定するテストが既に存在する場合に、両方のテストを同一の受験者集団に実施して、得点の相関係数を計算し、相関係数の値が高い場合に、新しいテストの妥当性が外在

基準に照らして確認されたことになる。言い換えると、新しいテストの構成概念妥当性について、既存のテストを外在基準として基準関連妥当性の側面から検討したということである。

テストの結果が個人の処遇に大きな影響を与えるようなテスト（high stakes test）の場合には、とりわけそのテストの妥当性に関してさまざまなデータや方法を用いた検証を実施しておく必要がある。テストの社会的な役割、影響力ということに鑑みると、妥当性はテストが備えておくべき極めて重要な概念と言える。

言語テストの構成概念（Construct Definition）

言語テストの場合に「構成概念」は、心理学的構成概念とはやや異なっている。心理学では、身長や体重のように実際に測定されるものではなく、理論から導かれる人間の潜在的な特性（latent trait）を構成概念と呼ぶことが多い。

これに対して言語テストでは、到達度型のテスト（achievement test）の場合は、事前に学習シラバスが提示されているため、構成概念はそのシラバスに基づき定義される。例えば、「第3課までの文型の知識」等が、当該テストの構成概念となる。一方、熟達度型のテスト（proficiency test）の場合は、「言語能力」を新たに定義する必要がある。2010年に改定された日本語能力試験の場合、全体では「課題遂行のための言語コミュニケーション能力」を測るものとして設計され、その下位の構成要素では「言語知識と、それを利用して課題を遂行する能力」の2つからなると定義されている。文字・語彙、文法で「言語知識」を測り、読解や聴解で「言語知識を利用してコミュニケーション上の課題を遂行する能力」を測る構成になっている（『新しい「日本語能力試験」ガイドブック』2007年7月版）。

言語テストの構成概念は、一般に、目標言語使用領域に基づいて、言語の形式に関わるさまざまな言語能力や知識を測定されるように定義されるが、言語形式の持つ語用論的、社会言語学的な知識は、当該言語が使用されている社会文化に関する知識と切り離せないものである。また、言語使用課題によっては、言語が用いられる背景となる百科事典的知識によって、言語の理解が補われることもある。そのため、構成概念では定義されていなくても、言語そのものの知識以外の知識が、テスト結果に影響を及ぼす可能性は否定できない。そこで、できるだけ多くの人が共有する話題を取り上げる、話題の分野が適切に散らばるよう工夫する、特別の話題を知らなくとも解答できる問い方で問うなどにより、話題の知識の有無がテスト得点に与える影響をできるだけ少なくなるよう調整することが必

要である（研究社日本語教育事典）。

構成概念妥当性

　以上で述べたように、構成概念に基づいてテストが開発される場合には、具体的に作成された試験問題と基本設計で使った構成概念とを比較検討することによって、構成概念妥当性の検討が行われる必要がある。

　具体的には、因子分析法を通して構成概念妥当性を検証することがある。このとき特に因子的妥当性と呼ぶ。単一の構成概念を測定することを意図して開発されたテストに含まれる複数の項目が一因子性を示すか、複数の構成概念を測定することを意図して開発されたテストに含まれる項目群が、想定した構成概念に対応する因子毎にまとまりを示すかが問題になる。

　また、構成概念を確認したいテストと同一、もしくは類似した構成概念を測定する複数の既存のテストを同一の受験者集団に実施して、それらの既存のテストと同様の結果を示したならば、その時当該のテストは収束的妥当性を持つと言う。異なる構成概念を測定する複数の既存のテストを同一の受験者集団に実施して、それら既存のテストと異なる結果を示したならば、その時当該テストは弁別的妥当性を持つと言う。このように特定のテストの構成概念妥当性を確認するには大

		特性1		特性2	
		方法1	方法2	方法1	方法2
特性1	方法1	（信頼性）		弁別的妥当性	
	方法2	収束的妥当性	（信頼性）		
特性2	方法1	弁別的妥当性		（信頼性）	
	方法2			収束的妥当性	（信頼性）

収束的妥当性：異なる方法によって測定された同一特性間の相関で検討。相関係数が高ければ、収束的妥当性が高い。
弁別的妥当性：①異なる方法によって測定された異なる特性間の相関。
　　　　　　　②同じ方法によって測定された異なる特性間の相関を用いて検討。
　　　　　　　①が最も小さい相関係数の値を示すはずで、①②がともに小さい値を示すならば、確かに別の特性を測定していることが確認できる。万一、②が大きい値を示すような場合は、測定方法による何らかのバイアス（例えば、社会的望ましさ、ハロー効果などの影響）があると考えられる。

図5.1　多特性・多方法行列による妥当性の検証　（Multitrait-multimethod matrix）
　複数の特性、複数の測定方法を組み合わせてデータを収集し、それらの間の相関をとる。

規模な検討を実施することがある。そのひとつが「多特性－多方法 (multitrait-multimethod; MTMM) 分析である。当該テストに加えて、類似の構成概念を測定し測定方法も類似したテスト（いま A 群とする）、類似の構成概念を測定するが測定方法の異なるテスト（いま B 群とする）、異なる構成概念を測定し測定方法が類似したテスト（いま C 群とする）、そして異なる構成概念を測定し測定方法の異なるテスト（いま D 群とする）をそれぞれ複数取り上げて、同一受験者集団に実施した結果から計算されるテスト間相関行列を計算して、当該テストを含む A 群間の相関係数が最も高く、次いで A 群のテストと B 群のテスト間の相関係数が高く、A 群と C 群との相関係数はそれらに比べて低く、A 群と D 群の相関係数が最も低くなることが望ましく、このような結果により収束的妥当性と弁別的妥当性を確認することができる（図 5.1）。

基準関連妥当性

　テストに何らかの外在基準が存在するとき、それとの関連性からテストの妥当性を確認するとき基準関連妥当性を確認すると言う。基準が将来にある場合に予測的妥当性、現在にある場合に併存的妥当性と言う。例えば、職業適性検査についてはその検査を実施する時点での受検者の能力・特性を測定するのではなく、その受検者が職に就いてから能力を発揮するか否かを測定結果から予測するのに有用かどうかが問題になる。これが予測的妥当性の問題である。また、外国語能力を測定するのに構成概念は同一であるが、新しく開発したコンピュータを利用したテストが既存の印刷された冊子と解答用紙によるテストと比較することによって遜色のない妥当性を持つか否かを問題にするのが併存的妥当性である。基準関連妥当性の場合には、妥当性の程度を表わすのに、妥当性を検証するテストと外在基準となるテストの得点間の相関係数を持って妥当性係数を定義して用いられる。信頼性係数と異なり、外在基準に何を用いるかによって値が変わり、テスト固有の妥当性係数の値は存在しない点に注意が必要である。

　なお、妥当性係数が得られたとして、その値を解釈するのにいくつか注意しなければならない点がある。第一に、妥当性係数の値は当該テストの信頼性および外在基準の信頼性に影響され、両者の観測得点間の相関係数は信頼性係数が高いほど真の得点間の相関係数に近く、信頼性係数の値が低いと妥当性係数も低くなる。観測得点に基づく妥当性係数が真の得点に基づく妥当性係数より低くなっていることを「妥当性係数の希薄化」と言う。第二に、当該テストもしくは外在基

準のいずれかの得点分布がある分割点で切断されている場合には、妥当性係数が低くなってしまう。これは、入学試験の予測的妥当性を検討する際に、入学後の成績（例えば、GPA（Grade Point Average）など）との相関係数の値を用いるが、入学試験の成績は合否分割点で（基本的には）切断されているため、相対的に低い値しか示さない。これを「相関係数に対する分布の切断効果」と言う。

内容的妥当性

　テストが測定しようとしている構成概念に照らして、内容的に必要かつ十分な項目を含んでいるか否かを問題にする場合を、内容的妥当性と言う。テストの仕様に基づいて作成された出題シラバスなどに理論的に想定される構成概念が具体化して示されるが、このような合理的（論理的）な枠組みに照らして、実際に開発されたテストが十分に全体を反映する問題項目群から構成されているか否かを判断する。したがって、統計的な基準あるいは客観的な基準はなく、妥当性の程度を表わす指標もない。実際には複数の専門家による独立した判断などが根拠とされる。

　また、テストや教科の専門家のみならず、一般の人々が確かにそのテストが測定目的とした特性を測定していると判断するとき、そのテストは表面的妥当性を持つと言う。

　テストの結果が個人の処遇に大きな影響を与えるようなテスト（high stakes test）の場合には、とりわけそのテストの妥当性に関してさまざまなデータや方法を用いた検証を実施しておく必要がある。テストの社会的な役割や影響力に鑑みると、妥当性はテストが備えておくべき極めて重要な概念と言える。

5.3　言語テストの妥当性検証の枠組み

　言語テストに関する妥当性を検証する統合的な枠組みを Wier（2005）が提案している。社会－認知的枠組み（Socio-cognitive framework）と呼ばれるもので、Cambridge English Language Assessment を中心に、Goethe Institut など世界のテスト開発機関で妥当性検証の枠組みとして用いられている。

　この枠組みは、第 11 章で述べる CEFR（Common European Framework of Reference for Languages）の成果を踏まえて、さらに CEFR では 1）課題に対す

るパフォーマンスがテストのコンテクスト（例えば、解答の準備時間や評価規準に対する知識など）に影響される点が認識されていない、2）課題を受験者が遂行する背後にどのような認知プロセスが想定できるのかを明らかにする必要性が認識されていない、という点を指摘した上で、テストの妥当性を検証するためにはどのような根拠を示す必要があるのかをテスト開発の具体的な流れに沿って示したものである（例えば、O'Sullivan, B. and Weir, C. J.（2011）参照）。

社会−認知的枠組みでは、妥当性を構成する要素および要素間の時間的・概念的関係を図5.2のように表わすことができる。上下方向が時間の経過を表わし、上から下に向かって時系列的に要素が配置されている。また、矢印は要素間の影響する方向を表わしている。各要素は以下のとおりである。

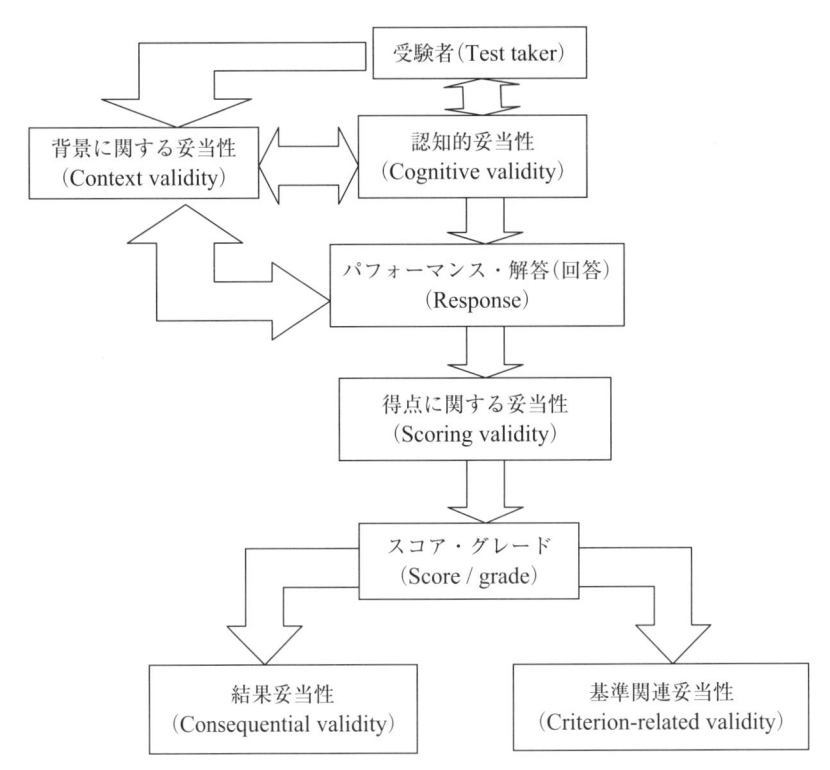

図5.2　テスト開発とテストの妥当化のための社会−認知的枠組み
O'Sullivan, B. and Weir, C. J.（2011）

1）受験者

　受験者の身体的・生理学的な特徴、心理学的な特徴、経験的特徴に対してどの程度配慮されているかという問題で、例えば、受験者の疲労に配慮されているか、年少受験者に適合した配慮がされているか、特別な支援を必要とする受験者に配慮されているか、などが関係する。

2）背景に関する妥当性

　テスト課題がそのテストが測定対象とする領域（例えば、アカデミックや職業など）にふさわしいか、受験者間での公平性を保っているか、などのテスト課題の特徴や、スピーキング課題で解答する前の準備時間の設定などのテストの実施方法やテスト内容のセキュリティや受験者情報などテストの管理方法が問題にされる。

3）認知的妥当性

　テスト課題を遂行する認知プロセスが測定を意図した特性に照らして適切か、現実の言語行動（使用）場面で用いられる認知プロセスを十分反映しているか、ということに関係する。ここでは認知プロセスそのものの研究が進められる必要がある場合もある。

4）得点に関する妥当性

　テストによる測定結果を表わす得点、あるいは能力段階が信頼できるか、得点（段階）が何を表わしているか、得点（段階）の違いが公平であり、意味のある違いを表わしているか、などが問題にされる。

5）結果妥当性

　Messick の妥当性理論の影響が強く反映していて、そのテスト（課題や得点）がさまざまな利害関係者にどのような影響を与えるか、そしてその影響は適切か、言語教育の動向にどのような影響を与えるか、などが問題にされる。

6）基準関連妥当性

　テスト得点が適切な外部基準におけるパフォーマンスを反映しているかどうかが問題にされる。外部基準としては、同一の構成概念を測定するテストや、実際の言語使用場面でのパフォーマンスの記録などが用いられる。

　ひとつの要素について検証するためには実証的な研究が必要である。例えば、認知的妥当性を検証する研究には、Bax (2013) による読解力測定の妥当性を検証するために Eye-tracking を用いた実験では、テキスト文上で受験者の視線の動き、

停留した場所、時間などを記録して、それと受験者がその時に何を考えていたかを後で回答してもらった結果とを合わせて、受験者が出題者が意図した認知的プロセスを経て設問に答えているか、また、受験者の reading 能力の違いが読み方の違いに反映するかを分析したものがある。また、得点に関する妥当性を検証する研究には、Nakatsuhara (2012) によるスピーキング能力測定に用いる分析的評価尺度（発音、文法、語彙、流暢さ、インタラクション）が受験者のパフォーマンスを識別するのに適切であることを示した研究がある。

Cambridge English Language Assessment では開発したテストの妥当性を検証するのに Socio-cognitive framework を適用した成果を writing, reading, speaking, listening の 4 技能別にまとめ、それぞれ Shaw and Weir (2007), Khalifa and Weir (2009), Tayler (Ed.) (2011), Geranpayeh and Taylor (2013) として出版している。

なお、社会的－認知的枠組について、中津原 (2013) にコンパクトにまとまった解説があるので、参照されたい。

ここまで述べた社会的－認知的枠組の他にも、妥当性をどのようにとらえて具体的に検証するかについては、Messick (1989) 以降も心理・教育測定の分野で議論され、それが言語テストの妥当性検証にも影響を与えている。代表的なものに Kane (2006) による「論証に基づくアプローチ (argument-based approach)」がある。これは Messick (1989) で拡げられた妥当性の概念を具体的なテスト開発過程で検証するのに、英国出身の哲学者 Stephen E. Toulmin の提唱した論証モデル (Toulmin, 1958, 2003) を適用するというものである。

Kane (2006) では、妥当化（妥当性の検証）を 2 種類の論証に基づいて実施することを提案している。ひとつは「解釈的論証 (interpretive argument)」であり、いまひとつは「妥当性論証 (validity argument)」である。前者では、テストで観測された受験者のパフォーマンスに基づいて何らかの結論や決定を導くために必要な仮定や推論の流れを明確に表現する。いわば、当該テストの妥当性を検証する枠組みを提示する。これに対して、後者では、解釈的論証で立てられた推論の流れや仮説を枠組みに沿って具体的なデータを収集し、分析し、その結果をもとに根拠を付けて (evidence based) 確認していく。

この「論証にもとづくアプローチ」を言語テストに適用したものとして、TOEFL-iBT の開発がある (Chapelle, Enright, & Jamison, 2008)。論証に基づくアプローチについて、澤木 (2011) にコンパクトにまとまった解説があるので、参

照されたい。

　以上では、Messick（1989）に始まる妥当性概念の拡大に沿って、妥当性検証の枠組みについて述べてきたが、現在妥当性の概念そのものについても議論が確定した状態にあるわけではない。例えば、Borsboom, Mellenbergh, & Heerden（2004）では、テストの妥当性は、ⅰ）テストが想定する特性（attribute）が存在し、ⅱ）その特性上での変化がテストで測定された結果（outcome）の変化の原因となる、そのような特性を測定するのに妥当な道具となっているかどうかを問題にする単純な概念であるとしている。いわば、妥当性概念の拡大化を収束させる動きである。

　いずれにせよ、結局はテストで測定された結果、すなわち、得点に具体的なevidenceをつけることが必須であり、テスト開発機関はそれを明らかにすることが必要であるという点では共通している。テスト妥当化の作業を100%達成することは通常極めて困難であるが、少なくともその時点での到達点を明らかにすることは、言語テストを含むテスト開発機関の責務であると言える。

第6章　テストの信頼性の検討

　言語テストは既に述べたように、妥当性、信頼性、真正性、相互性、影響、実用性の6つの観点から評価される (Bachman & Palmer, 1996) が、それらの中で「テストの測定精度」を問題にするのが信頼性である。

6.1　測定と誤差

　テストに限らずすべての測定には誤差が混入することを避けることができない。測定精度を上げるためには可能な限り誤差が小さくなるようにテストを開発し、実施するように心がけることが必要である。

　まず、テストの流れとその過程で混入する誤差について簡単に述べる。テストはおよそ図6.1に示すような流れで実施し、採点されるが、その各所で誤差が混入する可能性がある。

1)　採点（数量化）に関わる誤差

　解（回）答と数値（得点）が完全に1対1に対応するならば「誤差なし」ということになるが、同一の解（回）答に異なる2つの数値（得点）が付与された場合には、いずれか一方、もしくは両方に誤差が含まれている。例えば、同一解答に対して、異なる採点者が異なる得点を与えるような場合には、採点基準が不明確であったり、採点基準の解釈が採点者間で異なっているなどの問題が考えられる。また、同一の採点者が二度採点して異なる得点を与える場合には、採点者が疲労したり、採点基準が変化したりしている可能性が考えられる。

課題（問題）　→　受験者　→　解（回）答　→　採点（数量化）　→　統計処理

図6.1　テストの流れ

このような場合には、採点基準を確定しておくことと、採点者がしっかり採点基準を理解し常に同一の基準で採点できるように研修や訓練をしておくことで誤差を小さくすることができる。

2) 受験者→解答 に関わる誤差

この場合、まず測定用具から生じる誤差が考えられる。5枝選択形式の項目を採用したテストでは、正解がわからない受験者があて推量（ランダム・ゲシング）で解答したとしても1/5の確率で正答することが可能である。また、能力テストではなく、何らかの調査を実施するような場合には、回答者が社会的に望ましい選択枝に回答する、ということもある。さらに、対面式で実施するテスト（例えば、OPIなど）では、試験官のパーソナリティや印象が受験者の回答に影響を与えてしまうこともある。

3) 受験者に内在する誤差

受験者が一定の間隔をおいて同一のテストを受験した場合には、その間の学習効果や発達的変化により得点が向上することが多い。このような「真の変化」が得点の変化にきちんと反映することは望ましいことである。これに対して、受験者の健康状態がすぐれなかったり、長時間にわたるテストで受験者が疲労困憊しているような場合には、受験者本来の能力がテストに反映しなくなってしまう。健康状態は基本的には受験者が管理しなければならないことではあるが、テストの結果を利用する際にはその点に配慮する必要がある。また、テストの開発者・実施者は受験者の疲労に配慮して、テスト時間の設定やテストの組み合わせを決めなければならない。

4) テスト項目の抽出における誤差

統計調査の標本抽出にともなう標本誤差に似ていて、テスト開発にあたっては、設定された測定領域の範囲内で具体的に問題が作成され、テストが実施された後はそれらに対する受験者の解答をもとに当該受験者の能力水準を推定するが、実際に出題された問題によって受験者の能力推定値（得点）は変動する。すなわち、出題されたテスト項目の変動にともなう誤差である。

例えば、日本語能力試験では「読解」能力を「言語知識を利用しながら、文字テキストを理解して、課題を遂行する能力」と定義している（新しい「日本語能

力試験」ガイドブック）が、具体的には N1 レベルでは「内容理解（短文）」「内容理解（中文）」「内容理解（長文）」「総合理解」「主張理解（長文）」「情報検索」の 6 つの大問に分けて、さらにその中に複数の小問が含まれるように構成されている。この枠組みは保持しつつも、具体的な読解問題のテキストは実施の度に変わる。このような場合、受験者の読解力が一定でも問題のテキストが変わることによって、受験者の得点が変動する。このような場合は例えばテキストの内容の理解に特別な分野の知識があると有利になるなどのことがないように配慮してテキストを選択するなどして、変動を可能な限り小さくする。

以上のようにテストにはさまざまな過程で誤差が混入する。そして、テストの開発段階や実施時に上記のような誤差の混入を可能な限り排除する努力がなされることが必要である。しかしながら、それでも完全に誤差要因をテスト過程から排除しきれることはない。そこで、実際のテストでは測定値に誤差が含まれることを前提として、その誤差の程度を評価して、当該テストによる測定結果の精度がどの程度であるかについて明示することが要求される。

次節以降で取り上げる古典的テスト理論では、

$$テスト得点 = 真の得点 + 誤差$$

として、「誤差」については特にその原因を分けて考えるのではなく、種々の要因から生じる誤差を総体として捉えてモデル化して、テストの測定精度を定義する。

6.2　基本モデル

テストの測定精度を定義するのに、まず次のような基本式をおく。すなわち、

$$テスト得点 = 真の得点 + 誤差 \tag{6.1}$$

で、記号を用いて、

$$X = T + E \tag{6.2}$$

で表わす。

この基本式に対して具体的な測定場面における状況を想定した仮定をおいて、

実際のテストデータの分析に際して有用な帰結が導かれる。

6.2.1 単一の受験者に対する繰り返し測定に関する仮定

最初に、同じ受験者に何回も測定を繰り返したとして、測定値の平均に関する仮定をおく。この仮定は実際の測定では、受験者が多数回同じテストを受験した場合には、テストに対する慣れ、疲労、モティベーションの低下などがあって、十分成り立つ場面は少ないが、理論的にはほぼすべての測定場面で成り立つ仮定である。

この仮定を言い換えると、「誤差」はランダムに生起し、各測定毎に＋方向や－方向、大きさは大小さまざまな値をとり得る、という仮定になる。

[仮定 1]
　　　　同じ受験者に多数（無限）回測定を繰り返すと、誤差の平均値（期待値）は0になる。

ここで期待値というのは測定値に確率分布（例えば、正規分布）を仮定した時の平均値のことである。繰り返し数は数学的には無限回であるが、現実には多数回（有限）で考えて差支えない。

その結果、

[帰結 1]
　　　　当該受験者に対して多数（無限）回繰り返し測定を行なって得たテスト得点の平均値（期待値）は、真の得点に一致する。

が導かれる。

この状況を数式で表わすと、受験者 i に n 回測定を繰り返した時の測定値は、

$$(X_{i1}, X_{i2}, \ldots, X_{in}) = (T_i, T_i, \ldots, T_i) + (E_{i1}, E_{i2}, \ldots, E_{in}) \qquad (6.3)$$

となり、仮定1と帰結1とは、

[仮定1]

$$\bar{E}_i = \frac{1}{n}\sum_{k=1}^{n} E_{ik} = 0 \tag{6.4}$$

[帰結1]

$$\bar{X}_i = \frac{1}{n}\sum_{k=1}^{n} X_{ik} = \frac{1}{n}\sum_{k=1}^{n}(T_i + E_i) = T_i \tag{6.5}$$

と表わされる。

6.2.2　受験者集団に対する1回の測定に関する仮定

次に、十分大きな受験者集団が1回だけ測定を受けたという状況を想定する。「十分多くの」というのは、例えば、2011年12月に実施された日本語能力試験の受験者数は、N1が121,910名、N2が104,240名、N3が49,235名、N4が39,998名、N5が30,640名であったが、このような場合が該当する。

このような受験者集団に対してテストを実施した結果は、受験者個人毎に測定値(得点)に誤差を含んでいるが、個々の誤差の大きさについて知ることはできない。しかしながら、仮定2および仮定3をおくことによって、帰結2および帰結3が導かれる。すなわち、

[仮定2]

　　十分大きな受験者集団に対して測定を実施した場合(以下では、この事を仮定する)に、誤差の平均値(期待値)は0になる。

[仮定3]

　　受験者集団での真の得点と誤差との共分散は十分大きな受験者集団では0になる。(共分散が0であるから、相関係数も当然0になる。)

という仮定である。仮定1から、測定誤差は偶然誤差(ランダム・エラー)であることを仮定していたので、受験者個人毎に「誤差」はランダムに生起し、各測定毎に＋方向や－方向、大きさは大小さまざまな値をとり得る、という仮定をおいているので、集団全体として誤差の平均値が0になると仮定することに無理はない。

また、真の得点と誤差の相関係数(共分散)に関しては、真の得点が大きい方が誤差が大きく、真の得点が小さい方が誤差が小さいというような傾向が見られた

ら、両者に正の相関が見られることになるが通常の測定場面ではそのような傾向は見られない。例えば、きちんと作られた身長計では、背の高い成人を測定する時と、背の低い小学校1年生を測定する時とで測定誤差に違いはない。能力測定と物理的な測定とは全く同一には考えられず、能力測定には近似的な仮定が含まれることが多いが、手順を踏まえて開発されたテストの場合はほぼ成り立つ仮定である。

その結果、
[帰結2]
　　　テスト得点の平均値は真の得点の平均値に一致する。
[帰結3]
　　　テスト得点の分散は真の得点の分散と誤差分散の和になる。
が導かれる。

帰結2は受験者個人の真の得点はわからないが、多数の受験者について測定値を平均すると真の得点の平均に一致することを表わし、測定値の分散は、真の得点の分散と誤差分散の和で表わされることを示している。

ここで状況を改めて数式を交えて模式的に示すと、N名の受験者に対する1回の測定値 X_i は、すべての受験者に関して、各受験者の真の得点 T_i と誤差 E_i の和で表わされ、

$$\begin{matrix} X_1 & T_1 & E_1 \\ X_2 & T_2 & E_2 \\ \vdots & \vdots & \vdots \\ X_i = T_i + E_i \\ \vdots & \vdots & \vdots \\ X_N & T_N & E_N \end{matrix} \quad (6.6)$$

となる。ここで左辺はテストを実施した結果観測されるが、右辺の各要素は未知である。

この時、仮定2および仮定3は次のように表わされる。

［仮定 2］

$$\bar{E} = \frac{1}{N}\sum_{i=1}^{N} E_i = 0 \tag{6.7}$$

［仮定 3］

$$\sigma(T, E) = \frac{1}{N}\sum_{i=1}^{N}(T_i - \bar{T})(E_i - \bar{E}) = 0 \tag{6.8}$$

その結果、帰結 2 および帰結 3 は次のように表わされる。

［帰結 2］

$$\bar{X} = \bar{T} \tag{6.9}$$

［帰結 3］

$$\sigma^2(X) = \sigma^2(T) + \sigma^2(E) \tag{6.10}$$

【参考】

帰結 2 の導出

$$\begin{aligned}\bar{X} &= \frac{1}{N}\sum_{i=1}^{N} X_i = \frac{1}{N}\sum_{i=1}^{N}(T_i + E_i) \\ &= \frac{1}{N}\sum_{i=1}^{N} T_i + \frac{1}{N}\sum_{i=1}^{N} E_i = \frac{1}{N}\sum_{i=1}^{N} T_i + 0 = \bar{T}\end{aligned} \tag{6.11}$$

帰結 3 の導出

$$\begin{aligned}\sigma^2(X) &= \sigma^2(T + E) = \sigma^2(T) + \sigma^2(E) + 2\sigma(T,E) \\ &= \sigma^2(T) + \sigma^2(E) + 0 = \sigma^2(T) + \sigma^2(E)\end{aligned} \tag{6.12}$$

6.2.3 測定の精度

これまでの仮定と帰結からテストの精度を表わす指標が定義できる。

1) 測定の標準誤差

まず、測定の標準誤差 (standard error: S.E.) である。仮定 2 から誤差の平均値が 0 であるから、(6.10) 式右辺第 2 項の誤差の分散 $\sigma^2(E)$ が大きいほど測定値は真値から拡散して存在し、分散 $\sigma^2(E)$ が小さいほど測定値は真の得点の周りに密集して存在することになる。すなわち、$\sigma^2(E)$ が大きい場合は、測定精度が低く、$\sigma^2(E)$ が小さい場合は測定精度が高いことを表わす。実際に精度を表わすには、$\sigma^2(E)$ をルートで開いた $\sigma(E)$ が用いられ、これを標準誤差と言う。

例えば、テスト A とテスト B という 2 つのテストで、標準誤差が前者で 5 点、後者で 8 点だとする。真の得点が 100 点の受験者の実際に観測される得点は、テスト A では 100±5 の範囲、すなわち、95 点から 105 点の範囲に入る可能性が高いが、テスト B では 100±8 の範囲、すなわち、92 点から 108 点の範囲に入る可能性が高い。等しい真の得点を持つ受験者でもテスト A の方が真の得点に近い得点が実際に観測される可能性が高く、精度の高い測定になっていることがわかる。

この標準誤差は、テスト得点の変動の範囲が得点のスケール上の値で直接表わされているために解釈が容易である。その反面、得点スケールの異なる（例えば、満点の異なる）テスト相互間では直接精度の比較ができない。ただ、実際のテストにおける標準誤差は (6.6) 式右辺の $E_1, E_2, ..., E_N$ が観測できないため、計算することができず、何らかの方法で推定する必要がある。

2) 信頼性係数

もうひとつは信頼性係数である。これは (6.10) 式の両辺を $\sigma^2(X)$ で割ると、

$$1 = \frac{\sigma^2(T)}{\sigma^2(X)} + \frac{\sigma^2(E)}{\sigma^2(X)} \tag{6.13}$$

となるが、この式の右辺第 1 項を測定の精度を表わす指標として用い、信頼性係数と呼び、ギリシア文字の ρ（ロー）で表わす。

すなわち、信頼性係数は、

$$\rho(X) = \frac{\sigma^2(T)}{\sigma^2(X)} \tag{6.14}$$

で定義される。得点 X の信頼性係数ということを明示する意味で（ ）内に X を表示しているが、文脈でこのことが自明な場合には省略して ρ だけで表わすこと

もある。

測定がすべての受験者で誤差のみしか得られていないような場合には、(6.2)式右辺の T がすべての受験者で 0 となるので、$\sigma^2(T)$ が 0 となり、

$$\rho(X) = 0 \quad (6.15)$$

である。

また、測定がすべての受験者で誤差が全く混入していない場合には、(6.2)式右辺の E がすべての受験者で 0 となるので、$\sigma^2(E)$ が 0 となり、

$$\rho(X) = 1 \quad (6.16)$$

である。

したがって、信頼性係数 $\rho(X)$ は、

$$0 \leq \rho(X) \leq 1 \quad (6.17)$$

の範囲をとる。

信頼性係数は、真の得点の分散 $\sigma^2(T)$ と観測得点の分散 $\sigma^2(X)$ の比で定義されるため、得点スケールの異なるテスト相互間で直接精度の比較が可能である。ただ、実際のテストにおける信頼性係数は (6.6) 式右辺の $T_1, T_2, ..., T_N$ が観測できないため、分子の $\sigma^2(T)$ を計算することができず、測定の標準誤差と同様に何らかの方法で推定する必要がある。

なお、信頼性係数は標準誤差と、

$$\sigma(E) = \sigma(X)\sqrt{1 - \rho(X)} \quad (6.18)$$

という関係になる。

6.3 平行測定のモデル

同一受験者集団に対して実施する2つの測定（テスト）が、次の仮定を満たす

とき、2つの測定（テスト）は「平行測定（テスト）」になっているという。この平行測定のモデルが信頼性係数を推定する諸方法の根拠になる。

すなわち、

［仮定4］
 i） すべての受験者について、2つの測定の真の得点が等しい。
 ii） 2つの測定の誤差分散が等しい。

である。2つの測定間で受験者個人の真の得点は等しいが、実際に観測される得点は誤差の大きさが異なるため等しくはならない。ただし、全受験者を通した誤差分散は2つの測定間で等しいことが仮定されている。

その結果、

［帰結4］
 i） 2つの測定のテスト得点の平均値は等しい。
 ii） 2つの測定のテスト得点の分散は等しい。
 iii） 2つの測定のテスト得点の共分散は真の得点の分散に等しい。

が得られる。

ここで状況を改めて数式を交えて模式的に示すと、

$$
\begin{array}{ll}
\text{測定（テスト）}A & \text{測定（テスト）}B \\
X_{1A} \quad T_1 \quad E_{1A} & X_{1B} \quad T_1 \quad E_{1B} \\
X_{2A} \quad T_2 \quad E_{2A} & X_{2B} \quad T_2 \quad E_{2B} \\
\vdots \quad \vdots \quad \vdots & \vdots \quad \vdots \quad \vdots \\
X_{iA} = T_i + E_{iA} & X_{iB} = T_i + E_{iB} \\
\vdots \quad \vdots \quad \vdots & \vdots \quad \vdots \quad \vdots \\
X_{NA} \quad T_N \quad E_{NA} & X_{NB} \quad T_N \quad E_{NB}
\end{array}
\quad (6.19)
$$

となる。基本的には (6.6) 式と同一であるが、2つの測定を区別するために X と E の添え字が2つになり、A, B で測定の違いを表わしている。仮定4のi) から2つの測定の真の得点が等しいため T の添え字に測定の違いを表わす A, B が付いていないことに注意されたい。

この時、仮定4のii) は、

6.3 平行測定のモデル

$$\sigma^2(E_A) = \sigma^2(E_B) \tag{6.20}$$

と表わされる。

その結果、帰結 4 は以下のように表わされる。

$$\bar{X}_A = \bar{X}_B \tag{6.21}$$
$$\sigma^2(X_A) = \sigma^2(X_B) \tag{6.22}$$
$$\sigma(X_A, X_B) = \sigma^2(T) \tag{6.23}$$

【参考 1】帰結 4 の導出

$$\bar{X}_A = \frac{1}{N}\sum_{i=1}^{N} X_{iA} = \frac{1}{N}\sum_{i=1}^{N}(T_i + E_{iA}) = \frac{1}{N}\sum_{i=1}^{N} T_i + \frac{1}{N}\sum_{i=1}^{N} E_{iA} = \bar{T} \tag{6.24}$$

$$\bar{X}_B = \frac{1}{N}\sum_{i=1}^{N} X_{iB} = \frac{1}{N}\sum_{i=1}^{N}(T_i + E_{iB}) = \frac{1}{N}\sum_{i=1}^{N} T_i + \frac{1}{N}\sum_{i=1}^{N} E_{iB} = \bar{T} \tag{6.25}$$

したがって、

$$\bar{X}_A = \bar{X}_B \tag{6.26}$$

また、

$$\sigma^2(X_A) = \sigma^2(T) + \sigma^2(E_A) = \sigma^2(T) + \sigma^2(E_B) = \sigma^2(X_B) \tag{6.27}$$

さらに、

$$\sigma(X_A, X_B) = \frac{1}{N}\sum_{i=1}^{N}(X_{iA} - \bar{X}_A)(X_{iB} - \bar{X}_B) = \frac{1}{N}\sum_{i=1}^{N}(T_i + E_{iA} - \bar{T})(T_i + E_{iB} - \bar{T})$$
$$= \sigma^2(T) + \sigma(T, E_A) + \sigma(T, E_B) + \sigma(E_A, E_B) = \sigma^2(T) + \sigma(E_A, E_B) = \sigma^2(T) \tag{6.28}$$

となる。ここで、$\sigma(T, E_A) = 0$ および $\sigma(T, E_B) = 0$ は (6.8) 式による。また、$\sigma(E_A, E_B) = 0$ を用いているが、これは 2 つの測定の誤差間の共分散が 0、すなわち、相関がないことを意味している。

【参考 2】平行測定のバリエーション

　平行測定の仮定を緩めて議論を進めることがある。これは、現実場面で上記の仮定 4 を満たすことが、近似的にせよ困難な場合があるからである。

［仮定 4］（再掲）
　　i）すべての受験者について、2 つの測定の真の得点が等しい。
　　ii）2 つの測定の誤差分散が等しい。

の ii) の条件を緩めて、2 つの測定の真の得点が等しいことは条件とするが、誤差分散が等しいことは仮定しない場合を「τ（タウ）－等価な測定」と言い、さらに、i) の条件を緩めて、すべての受験者について 2 つの測定の真の得点が等しい（真の得点の差が 0）ことは要求されないが、差がすべての受験者について等しい、すなわち、

$$T_{iA} - T_{iB} = const. \quad for\ i = 1, 2, ..., N \tag{6.29}$$

のみを仮定する場合を「本質的に τ－等価なテスト」もしくは「弱平行測定」と言う。これらと区別が必要な場合には「仮定 4」を満たす平行測定を特に「強平行測定」と言う。

6.4　信頼性係数の推定

　測定の精度を表わす信頼性係数は (6.14) 式で表わされるが、分子の $\sigma^2(T)$ が実際に得られないために、何らかの方法で推定する必要があることは既に述べたとおりである。実際に推定するにはさまざまな方法が用いられるが、その中に 6.3 で述べた「平行測定」の仮定を利用する方法がある。
　いま、テスト A とテスト B があり、両者が平行測定の条件を満たしているとする。この時、多数の受験者に対して両方のテストを実施した結果 $(X_{iA}, X_{iB})\ i = 1, ..., N$ が得られている場合に両者の相関係数は、

$$r(X_A, X_B) = \frac{\sigma(X_A, X_B)}{\sigma(X_A) \cdot \sigma(X_B)} = \frac{\sigma^2(T)}{\sigma^2(X_A)} = \frac{\sigma^2(T)}{\sigma^2(X_B)} = \rho(X_A) = \rho(X_B) \tag{6.30}$$

となり、テストAおよびテストBの信頼性係数に一致する。
　このことを利用して、テストの信頼性係数を推定する。

(1) 再テスト法

　同一のテストを同一の受験者に一定期間おいて繰り返し実施して得られたテスト得点間の相関係数を持って信頼性係数の推定値とする。

　すなわち、2回繰り返し実施されたテストが平行測定の条件を満たしているとすると、多数の受験者に対して実施した結果 $(X_{i1}, X_{i2})\ i = 1, ..., N$ が得られている場合に両者の相関係数は (6.30) 式から当該テストの信頼性係数に一致する。実際には厳密に平行測定の条件を満たせるわけではないので、信頼性係数の推定値が得られたということになる。

　具体的にこの方法を適用するには、繰り返し同一問題を受験者に提示するという点が問題になる。2回の期間が短いと受験者が問題内容を記憶している可能性があり、推定値がその影響を受けてしまう。逆に2回の期間が長いとその間に受験者の能力・特性に変化が起きて、推定値がその影響を受けてしまうことになる。適当な間隔で実施することが重要である。また、例えば「読解」テストのように問題文の内容を受験者がある程度記憶している可能性の高いテストではこの方法を用いることは避けた方が望ましい。

(2) 平行テスト法

　平行測定を実際のテストで実現するためには、代替形式のフォームを作成して対応する。代替形式とは、個々の問題項目は異なるが、問題項目のねらい・難易度・内容および問題項目数などのテスト仕様が等しい2つのフォームのことを言う。当然、同一の能力・特性を測定している。

　すなわち、代替形式のフォームAおよびBが平行測定の条件を満たしているとすると、多数の受験者に対して実施した結果 $(X_{iA}, X_{iB})\ i = 1, ..., N$ が得られている場合に両者の相関係数は (6.30) 式から当該テストの信頼性係数に一致する。実際には代替形式のフォームが厳密に平行測定の条件を満たせるわけではないので、信頼性係数の推定値が得られたということになる。

　この方法は代替形式のフォームを開発する必要があり、本来のテスト開発の少なくとも2倍の項目を作成する必要があるとともに、テスト開発者にとっては2

回実施する労力、受験者にとっては2回受験する負担がある点については、再テスト法と変わりがない。ただ、実施する間隔についてはそれほど厳密に考える必要がない。より厳密に実施するには2つのフォームの実施順序が影響しないように、受験者毎に実施順序をランダムに決めるなどの工夫が必要である。

(3) 折半法

　信頼性係数を推定することはテストの開発にあたって重要なことであるが、再テスト法で諸条件に配慮しながら2回同じ受験者に繰り返し実施をしたり、平行テスト法で平行テストを作成する負担は、特に平行テストが必要となる事情がない限りテスト開発者にとって厳しいものになる。できれば、1回のテスト実施で信頼性係数を推定できることが望まれる。

　そこで、ひとつのテストをできるだけ平行になるように2つに分けて、2つの部分テスト間の相関係数を計算するという方法が考えられる。2つの部分テストが完全でないにせよ近似的に平行測定の条件を満たしているとみなした上で、平行テスト法を適用して部分テストの信頼性係数の推定値を得るわけである。ただし、そのままでは部分テストの信頼性係数の推定値であって、必要な折半前のテスト全体の信頼性係数の推定値ではない。そこで、後に述べる「スピアマン・ブラウンの公式」を利用してもとのテストの信頼性係数の推定値を求める。

　テストを折半するのに「奇偶法」と呼ばれるテスト項目の並びを利用する方法と項目統計量を利用する「統計的方法」がある。「奇偶法」はもとのテストの奇数番目の項目と偶数番目の項目とを振り分ける方法でテスト項目の配列が信頼性係数の推定に影響を与える。項目数が多いテストで、問題内容、困難度などが近い項目が近接して配列されているようなテストでは有効である。これに対して「統計的方法」は各項目の通過率と点双列相関係数の値に基づいて、値の近い項目どうし（困難度と識別力が近い項目どうし）でペアを作り、ランダムに2つの部分テストに振り分ける。その際に機械的にペアを作るのではなくて項目内容にも配慮しながらペアを決めていく。ただし、この方法も適切なペアが作れない場合や3つの項目が近接していて、どのようにペアを決めるかが一意的に決まらない場合もあって、完全に客観的に折半できるというわけではない。

【スピアマン・ブラウンの公式】

　2つの部分テストAおよびBの得点をX_AおよびX_Bとして、2つの部分テスト

の得点間の相関係数を $r(X_A, X_B)$ とした時に、もとのテストの信頼性係数が、

$$\hat{\rho} = \frac{2r(X_A, X_B)}{1 + r(X_A, X_B)} \tag{6.31}$$

になるが、この公式をスピアマン・ブラウンの公式と呼ぶ。

この公式は一般には、信頼性係数が ρ のテストに平行テストを加えて長さを n 倍にした時に、そのテストの信頼性係数が、

$$\rho_n = \frac{n\rho}{1 + (n-1)\rho} \tag{6.32}$$

で与えられることを示す公式であるが、折半法による信頼性係数推定の文脈では n=2 の場合に相当する。

折半法における部分テスト間の相関係数の値とテスト全体の信頼性係数の推定値との関係は表 6.1 に示すとおりである。

表 6.1　部分テスト間の相関係数の値とテスト全体の信頼性係数の推定値

部分テスト間の相関係数	0.6	0.7	0.8	0.9	1.0
テスト全体の信頼性係数	0.75	0.82	0.89	0.95	1.0

(4) 内的整合性による方法

折半法の場合、既に述べたように信頼性係数を推定したいテストを折半して 2 つの部分テストに分けるが、分け方が一意的に決まるものではない。そうなると、分け方によって信頼性係数の値も変動してしまう。折半の仕方は全体で $2m$ 項目のテストでは、

$$\frac{1}{2} {}_{2m}C_m$$

通りあり、それに対応して信頼性係数の推定値 $\hat{\rho}$ が得られるが、それらすべての $\hat{\rho}$ の平均をとった結果得られる、「クロンバックの α 係数」と呼ばれる指標を持って信頼性係数の推定値とすることができる。

【クロンバックのα係数】

クロンバックのα係数は、n項目から構成されるテストで、各項目の得点を、X_j ($j=1, ..., n$) その合計点（テスト得点）をXとした時に、

$$\alpha = \frac{n}{n-1}\left\{1 - \frac{\sum_{j=1}^{n} s^2(X_j)}{s^2(X)}\right\} \quad (6.33)$$

で得られる。ここで、$s^2(X_j)$は項目jの得点の分散、$s^2(X)$は合計点（テスト得点）の分散を表わす。なお、ここで項目得点は、正答－誤答の2値型得点に限らず、部分得点を含む多値型得点も可能である。

このクロンバックのα係数は、本来はテストに含まれる項目の等質性（内的整合性）を表わす指標であるが、テストの信頼性係数との間に、

「クロンバックのα係数は当該テストの信頼性係数の下限値を表わす」

すなわち、受験者数が大きい場合に、

$$\rho \geq \alpha \quad (6.34)$$

という関係のあることが証明されており、少なくとも信頼性係数ρの値はα係数の値に等しいか、それより大きいことが保証されている。証明は、Lord & Novick (1968)、池田 (1973) などを参照されたい。

α係数を表わす (6.33) 式の右辺はすべて測定値から計算できるため、α係数の値は測定結果から得ることができ、この関係を根拠にしてα係数の値を持って信頼性係数の推定値とすることができる。再テスト法、平行テスト法、折半法とは信頼性係数の推定値とする根拠が少し異なっている。

1回の測定で信頼性係数の推定が可能であるため、実際のテスト開発場面ではよく用いられている。

【キューダー・リチャードソンの公式20】

クロンバックのα係数では、各項目の得点が2値型であることを特に要求されなかったが、各項目の得点が1か0の2値しかとらない場合には、項目得点の分散が、

$$s^2(X_j) = p_j(1-p_j) \qquad j=1,\ldots,n \qquad (6.35)$$

となる（ただし、p_j は通過率）から、α 係数は、

$$KR_{20} = \frac{n}{n-1}\left\{1 - \frac{\sum_{j=1}^{n} p_j(1-p_j)}{s^2(X)}\right\} \qquad (6.36)$$

となり、キューダー・リチャードソン（Kuder-Richardson）の公式20と呼ばれ、KR-20と表記されることがある。公式20というのは、この公式がKuder & Richardson (1937) の論文で20番目の数式であったことに由来する。

なお、KR-20はより一般的な α 係数に含まれるが、α 係数が提案されたのがCronbach (1951) であるため、項目得点が2値型の場合にはKR-20という表現もよく用いられる。

6.5　実際のテストにおける測定精度の確認

「日本語能力試験」の場合を例にすると、2009年度実施分まで（いわゆる旧試験と呼ばれるもの）は当該年度の試験分析報告書が発行され、試験全体や試験の問題項目について、テスト理論的な視点、日本語教育学的な視点から分析・評価した結果が公表されていた。専門的な広報と今後の日本語能力試験の性能の向上に向けた議論を促進することを目的としていたが、その中でテストの信頼性について取り上げられている。信頼性係数の推定には α 係数が用いられていて、各級・各類毎に α 係数の値が公表されている。

2008年度実施分の報告書から抜粋・整理したものを表6.2に示す。表6.2には2005年度実施分から2008年度実施分までの4年間の結果が示されている。類別に見ると、「文字・語彙」が0.846から0.895の範囲、「聴解」が0.691から0.853の範囲、「読解・文法」が0.801から0.913の範囲にある。「聴解」類の信頼性が低いように見えるが、「文字・語彙」「読解・文法」に比べて問題項目数が少なく、そのために類全体としての α 係数は低いが項目毎には他の類と変わらない性能を示していた（詳しくは、「平成20年度日本語能力試験分析評価に関する報告書」を参照されたい）。このような場合に、問題項目数を増やすことによって信頼性の向上につながるかどうかは慎重に検討しなければならない。というのは、問題項目数を増やすにはテスト時間を長くする必要があるが、「6.1　測定と誤差」で述

表 6.2 日本語能力試験類別の α 係数 (2005-2008 年度)

級・類	2005 年	2006 年	2007 年	2008 年
1 級				
文字・語彙	0.862	0.846	0.855	0.876
聴解	0.831	0.853	0.815	0.818
読解・文法	0.868	0.857	0.855	0.838
2 級				
文字・語彙	0.874	0.880	0.870	0.868
聴解	0.828	0.793	0.796	0.796
読解・文法	0.870	0.842	0.801	0.847
3 級				
文字・語彙	0.855	0.887	0.890	0.895
聴解	0.822	0.788	0.739	0.832
読解・文法	0.890	0.913	0.889	0.892
4 級				
文字・語彙	0.878	0.858	0.884	0.876
聴解	0.758	0.691	0.709	0.774
読解・文法	0.900	0.902	0.898	0.890

平成 20 年度日本語能力試験分析評価に関する報告書より著者の責任で抜粋・引用

べたように、テスト時間を長くすることによる受験者の疲労効果などが測定誤差を大きくする原因になる可能性があるからである。

6.6　測定の信頼性と相関係数の希薄化

テストに限らず一般に測定値に誤差が含まれると、測定値間の相関係数が低く抑えられてしまう現象があり、「相関係数の希薄化」として知られている。

X, Y は測定値、T_X, T_Y は真値、各測定値の信頼性係数を $\rho(X), \rho(Y)$ としたときに、測定値間の相関係数 $r(X, Y)$ と真値間の相関係数 $r(T_X, T_Y)$ には、

$$r(X,Y) = \sqrt{\rho(X)} \cdot \sqrt{\rho(Y)} \cdot r(T_X, T_Y) \tag{6.37}$$

という関係があることが知られている (例えば、池田 (1973) 参照)。

例えば、テスト X とテスト Y の信頼性係数がどちらも 0.85 で、真の得点間の相関係数が 0.9 のときに、観測得点 (測定値) 間の相関係数が、

6.6 測定の信頼性と相関係数の希薄化

$$\sqrt{0.85} \times \sqrt{0.85} \times 0.9 = 0.765$$

となって、相関係数の値が真値間の場合に比べて、観測得点間の場合は下がっていることがわかる。信頼性係数の値が 1.0 の場合には相関係数は下がらない。信頼性係数が下がるに従って観測値間の相関係数の低下の度合いは大きくなる。

(6.37) 式から、

$$r(T_X, T_Y) = \frac{r(X, Y)}{\sqrt{\rho(X)} \cdot \sqrt{\rho(Y)}} \tag{6.38}$$

が導かれる。これを「希薄化修正の公式」と呼ぶ。実際に計算されたテスト間の相関係数から真の相関係数を推定するのに利用できる。右辺の $r(X, Y)$ に 0.765 を、分母に $\sqrt{0.85} \times \sqrt{0.85} = 0.85$ を代入すると、$r(T_X, T_Y)$ は 0.9 になる。

ただし、この公式を適用するには右辺の分母に信頼性係数が入っていることに気をつけなければならない。既に述べたように通常知り得るのは「信頼性係数の推定値」であって、信頼性係数そのものではない。仮に信頼性係数の推定値として α 係数を用いた場合には、(6.34) 式から、信頼性係数 ρ の値は α 係数の値に等しいか、より大きいため、過剰に修正する危険性が高い。

例えば、上記の例で、信頼性係数の推定値が α 係数で 0.80 だったとすると、希薄化修正の公式による修正の結果得られる真の得点間の相関係数は 0.956 になる。本来の値 0.9 を上回ってしまう。

希薄化修正の公式はひとつの目安を与えるが、濫用してはならない。そもそも実際に利用できるのはテストによる観測得点であって、真の得点ではないわけで、希薄化を修正すればどうなるかという議論は理論的には意味があるが、実用水準では過剰修正に気をつけなければならない。

第7章　項目応答理論

　項目応答理論とは、テストを構成する項目やテストの受験者集団に依存することなく、項目の困難度や識別力などの項目特性値やテスト受験者の能力値を算出するために、テスト項目に対する受験者の応答（例えば、正答か誤答かなど）とテストが測定しようとする能力や特性を表現する潜在特性尺度との関係に確率モデルを導入するテスト理論で、項目反応理論とも呼ばれる。古典的テスト理論に対して現代テスト理論と位置づけられている。

　項目応答理論は、Lord (1952) で既にその基礎は確立され、Lord & Novick (1968) で数理的に体系化されており、TOEFL など米国のテスト開発機関である ETS (Educational Testing Service) で開発実施される試験を中心に実用水準で既に用いられていたが、日本で注目され、公的試験などで用いられるようになったのは最近のことである。米国のみならず、欧州・豪州などでも言語テストを支えるテスト理論として広く用いられている。

　ここでは、最初に正答数得点の限界について述べた後で、次に項目応答理論の基本概念と項目得点が正答－誤答の2値型で表わされる場合のモデルを2パラメタ・ロジスティック・モデルを中心に解説し、さらに項目得点が正答－誤答だけでなく順序づけられたカテゴリで与えられる多値型で表わされる場合のモデルについて簡単に触れる。

7.1　正答数得点の限界と尺度得点化の利点

　テストによる各受験者の測定結果を表示するのに「テスト得点」が用いられるが、わが国では基本的には受験者が正答した項目の数を数え上げた「正答数得点」が用いられることが多い。「6. テストの信頼性の検討」で取り上げた古典的テスト理論はこの正答数得点を基にテストの信頼性や妥当性などの問題を扱っている。

　しかしながら、正答数得点は受験者が正答した項目の数を数え上げてテスト得点とする「計数データ」であり、物差しをあてて測定する「計量データ」ではない。尺度水準で言うと「順序尺度」の水準であり、「間隔尺度」の水準にはない。

7.1 正答数得点の限界と尺度得点化の利点

順序尺度水準とは、観測された数値の大小と測定対象の持つ特性の度合いの大小とが単調な関係にあるが、数値が特性の度合いそのものは表わさない測定水準を、間隔尺度とは、観測された数値が測定対象の持つ特性の度合いを表わすが絶対的な原点は存在しない測定水準のことを言う。ただし、実用水準では正答数得点を間隔尺度水準のデータとみなして統計分析を実施しているし、そのことによって何らかの問題を生じることは少ない。

しかしながら、この正答数得点は一般に、同一の受験者でも、テストに含まれる問題項目の難易度が異なれば、得点が変化する。すなわち、易しい問題項目から構成されたテストでは高い得点を示し、難しい問題項目から構成されたテストでは低い得点しか示さない。したがって、難易度の異なる2つ（以上）のテストの得点を相互に比較することができない、などの難点がある。

標準得点

このため、心理・教育テストでは正答数得点に替えて「標準得点」で測定結果が表示されることが多い。

標準得点は、基本的には (7.1) 式で定義される。すなわち、

$$\text{標準得点} = \frac{[\text{テスト得点}] - [\text{受験者集団の平均点}]}{[\text{受験者集団の得点の標準偏差}]} \tag{7.1}$$

で与えられ、テスト得点の平均および標準偏差が受験者集団でどのような値を示しても、常に標準得点の平均は 0.0、標準偏差は 1.0 になる。すなわち、標準得点は受験者集団におけるもとのテスト得点の分布状況（平均および標準偏差）とは無関係に、個々の受験者の当該受験者集団内での相対的な位置を明示的に表わす。ただし、実際には得点が負の値を示したり、小数点を含んだりすることはテストを実際に利用する場面で不都合が生じることがあるため、標準得点がこのまま用いられることは少なく、何らかの変換をした結果が用いられる。例えば、Z得点の場合は、

$$Z\text{得点} = [\text{標準得点}] \times 10 + 50 \tag{7.2}$$

と変換して、平均50、標準偏差10という扱いやすい値に直したものが用いられることが多い。

例えば、受験者集団の平均が 60 点、標準偏差が 15 点のとき、80 点をとった受験者の標準得点は、(80 − 60)/15 = 1.3 になり、Z 得点は、Z = 1.3 × 10 + 50 = 63 になる。

標準得点化による改善

標準得点が「受験者集団におけるテスト得点の分布状況（平均および標準偏差）とは無関係に、個々の受験者の当該受験者集団内での相対的な位置を表わす」のであるから、同一の受験者集団が仮に難易度の異なる 2 つのテストを受験した場合に、各テストの結果を標準得点で表示するならば、テストの結果は相互に比較可能になるという意味で、標準得点は正答数得点よりも優れている。

例えば、「難しいテスト」で受験者集団の得点分布の平均が 50 点、標準偏差が 15 点、「易しいテスト」で受験者集団の得点分布の平均が 75 点、標準偏差が 10 点である場合に、ある受験者が前者で 65 点、後者で 85 点をとったとする。テスト得点は両テスト間で異なるが、Z 得点に直すと、前者が 60、後者も 60 と等しくなる。すなわち、この受験者の集団内での相対的な位置が受験したテストの難易にかかわらず評価できることになる。

同一の受験者集団が異なる 2 つのテストを受験するのでなくても、能力水準が等価な 2 つの受験者集団がそれぞれ別のテストを受験した場合についても、各テストの結果を標準得点で表示するならば、2 つのテストの結果は相互に比較可能になる。

標準得点化後も残される問題点

しかしながら、「同一の受験者集団が複数のテストを受験した場合」、もしくは、「同じ能力水準の複数の受験者集団が別個のテストを受験した状況」という前提条件が成り立たない場合には、標準得点表示を実施しても異なるテスト間の結果を相互に比較することは不可能である。

なぜならば、標準得点の値が等しい、すなわち当該受験者集団内での相対的な位置が等しくても、受験者集団自体の能力水準が異なっていたならば、実態としての能力水準は異なるからである。このことは例えば、相対的に高い能力を示す集団で標準化した場合に、Z 得点が 60 である受験者と、相対的に低い能力の集団で標準化した場合に、Z 得点が 60 である受験者の能力が等しいとは考えられないことから明らかである。

潜在特性尺度上の尺度得点による表現

　標準得点でテストによる測定結果を表現した場合でも、正答数得点を (7.1) 式もしくは (7.2) 式で変換した結果は、厳密には当該受験者が正答した項目数を変換した結果であり、得点が計数値であり、順序尺度水準に留まっていることに変わりはない。これに対して、各受験者のテストによる測定結果を間隔尺度水準の数値として表現することが望まれる場合がある。これらの実際的な差異は次のような仮定を持つモデルを考えると明らかになる。
　すなわち、
仮定 1　能力（特性）を左右方向の直線で表わし、これを「潜在特性尺度」と呼ぶ。
仮定 2　各項目を困難度に応じてこの直線上の一点に位置づける。
仮定 3　各受験者を能力水準に応じて直線上の一点に位置づける。
仮定 4　各受験者は潜在特性尺度上で、自分の位置よりも左側にある項目には常に正答し、右側にある項目には常に誤答する。

　このモデルは、項目の困難度と受験者の特性尺度値とを同一の潜在特性尺度上に位置づけて表現するため、当該受験者を測定するのに適切な困難度の項目を選択するのに便利であるし、受験者の能力（特性）の実態を具体的な項目に基づいてイメージしやすくなる、という特徴がある。
　まず、能力が等しくても異なるテストにおけるテスト得点が異なる場合について図 7.1 に示す。図 7.1 では、5 項目から構成される 2 つのテスト A および B について、各項目が困難度に応じて学力を表わす潜在特性尺度上に位置づけられている。これに対して学力の等しい 2 人の受験者甲および乙が、それぞれテスト A および B を受験したとする。この時、受験者甲はテスト A の項目 1, 2 に正答し、項目 3, 4, 5 に誤答する。各 10 点として 20 点になる。これに対して、受験者乙は

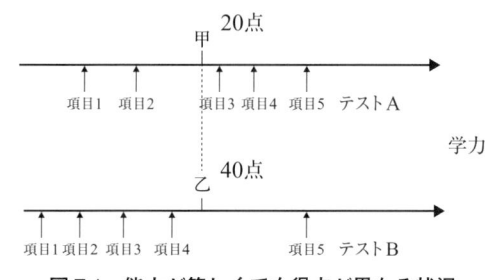

図 7.1　能力が等しくても得点が異なる状況

テストBの項目1, 2, 3, 4に正答し、項目5に誤答して、40点になる。能力尺度上では、受験者甲＝受験者乙であるが、テスト得点では受験者甲＜受験者乙になる。すなわち、受験者の特性（能力）は変わらないにもかかわらず、受験するテストによって個人のテスト得点は変動する。その結果、集団全体のテスト得点の分布もテスト間で異なってしまう。したがって、異なるテストどうしでテスト得点を比較しても明らかに意味がない。

次に能力の伸びが等しくてもテスト得点の伸びが等しくはならない場合について図7.2に示す。ここではある期間での学習の前と後とで同じテストCを実施して学習の効果を検討するという状況を想定する。ただし、同じテストを繰り返し実施することの影響はないものとする。ここでは図中でわかりやすく表現するために学力を表わす潜在特性尺度を学習者別に表示しているが、実際は同一の尺度である。2名の学習者丙と丁とは学習の前後で尺度上の変化量は等しく、学力の伸びは等しいものとする。しかしながら、5項目から構成されるテストCを受験した場合、受験者丙は学習前が10点で、学習後が20点、受験者丁は学習前が20点で、学習後が50点になる。学習効果をテスト得点の差で表わすと、受験者丙は10点、受験者丁は30点ということになり、能力尺度上では、受験者丙の伸び＝受験者丁の伸びであるが、テスト得点では受験者丙の伸び＜受験者丁の伸びということになる。すなわち、少なくともテストCは学習者の伸びを適確にはとらえていないことになる。

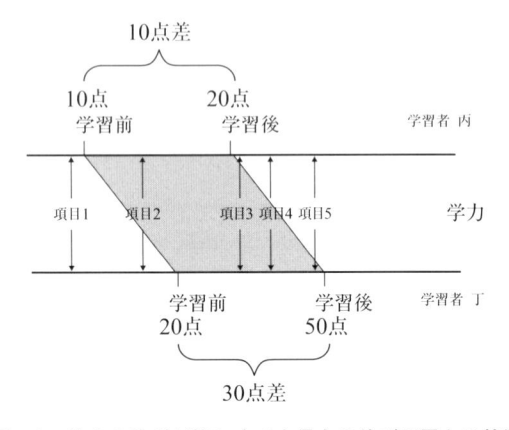

図7.2 能力の伸びが等しくても得点の伸びが異なる状況

これらの例からもわかるように正答項目数を基にしたテスト得点は受験者の能力（特性）や能力（特性）の変化を正確に表わすことができないことがある。これに対して項目応答理論を適用することによって、これらの条件を満たす尺度を構成することが可能になる。

まとめると、
1) 項目の困難度が受験者集団とは独立に定義される。
2) 受験者の能力（特性）値が解答（回答）した項目群とは独立に定義され、異なるテストを受験した受験者間で結果を相互に比較できる。
3) 項目の困難度と受験者の能力（特性）値とが同一の尺度上で表現されるため、当該受験者に呈示した項目が適切であったか否かの判断が容易になる。
4) そして、この尺度は間隔尺度水準にあって、変化の度合いを表わすことができる。

という条件を満足する特性尺度を構成することができればよい。

このような潜在特性尺度は「項目応答理論（Item Response Theory; IRT）」を用いることによって構成することができ、各受験者のテストによる測定結果もその尺度上に位置づけて表現することができる。実際の項目応答理論では、上記の仮定4に示した「受験者は尺度上で自分の位置よりも左側にある項目には常に正答し、右側にある項目には常に誤答する」という単純な仮定ではなく、「受験者は尺度上で自分の位置よりも左側にある項目ほど正答する確率が高く、右側にある項目ほど正答する確率が低くなる」という確率モデルを想定した仮定をおく。項目の方を中心に考えると、「受験者の特性尺度値が低いほど、正答確率が低く、受験者の特性尺度値が高いほど、正答確率が高くなる」という仮定になる。

7.2 項目応答理論の基本

7.2.1 項目特性曲線

項目応答理論では各項目の特性を「項目特性曲線（item characteristic curve; ICC）」によって表わす。項目特性曲線は、潜在特性尺度値θの値を連続的に変化させた時に対応する正答確率の変化の様子を視覚化したもので、単調増加な形状を示す曲線である。能力が高いほど当該項目に正答する確率が高くなる、あるいは、特性の度合いが大きいほど肯定的な回答をする確率が高くなる、ということ

を曲線で表わしたものである。

　項目特性曲線は潜在特性尺度値 θ の関数で与えられ、$P(\theta)$ という記法が用いられる。この $P(\theta)$ は 0.0 から 1.0 の範囲をとり、単調増加関数である。これらの条件を満たすものであれば、具体的な項目特性曲線を表わす関数にはどのようなものを用いても原理的にはよいが、実際のテストを分析する際には数理的に取り扱いやすい関数型を設定することが望ましい。そして、項目特性曲線を表わす関数に対応した項目応答モデルを用いてテストの分析を進める。項目応答モデルには、項目特性曲線にロジスティック曲線を用いる2パラメタ・ロジスティック・モデルをはじめとしてさまざまなものがある。

7.2.2　2パラメタ・ロジスティック・モデルの項目特性曲線

　項目特性曲線に、

$$P_j(\theta) = \frac{1}{1 + \exp\{-1.7a_j(\theta - b_j)\}} \tag{7.3}$$

という関数を用いる場合の項目応答モデルは、2パラメタ・ロジスティック・モデルと呼ばれ、項目特性曲線の形状は図7.3のようになる。ここで、添字の j は項目番号を示す。図7.3には a_j が 0.8 で b_j が 0.0 の場合と、a_j が 1.2 で b_j が 1.0 の場合の2項目の項目特性曲線が描かれている。b_j は困難度パラメタと呼ばれ、

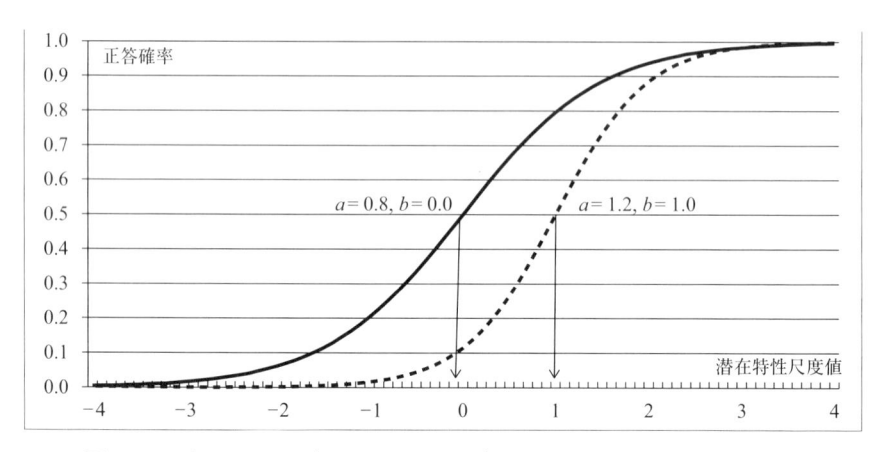

図7.3　2パラメタ・ロジスティック・モデルの項目特性曲線と項目パラメタ

項目特性曲線の位置を表わし、パラメタ値の大きい方が、項目特性曲線が右寄りになり、困難度が高いことを表わす。さらに、a_j は識別力パラメタと呼ばれ、項目特性曲線の立ち上がりの程度（勾配）を表わし、パラメタ値が大きい方が、項目特性曲線の立ち上がりが急になり、変曲点の前後での正答確率の変化が顕著になり、特性の程度の違いをよく反映するという意味で識別力が大きいことを表わす。これら2つのパラメタの値が確定したならば、項目特性曲線は唯一に定まる。

数学的には b_j はこの曲線の変曲点にあたり、

$$P_j(b_j) = 0.5 \tag{7.4}$$

であり、a_j は変曲点における微分係数の定数倍になる。

パラメタ a_j および b_j の値によって曲線の形状が唯一に定まるということは、このモデルではパラメタ a_j および b_j によって項目 j の特性がすべて記述されることを意味する。

困難度パラメタ

パラメタ a_j および a_k は値が等しい（$a_j = a_k$）が、パラメタ b_k の方が b_j よりも値が大きい（$b_j < b_k$）場合には、項目 k の曲線の方が項目 j の曲線よりも全体として右寄りで、特性尺度値が θ_0 である受験者について、$P_j(\theta_0) > P_k(\theta_0)$ であるから、項目 j の方が項目 k よりも正答する確率が高く、項目 k の方が項目 j よりも難しいということになる。つまり、項目特性曲線の位置が右よりにある項目ほど難しく、左よりにある項目ほど易しい。したがって、パラメタ b は困難度パラメタ（difficulty parameter）と呼ばれる。

識別力パラメタ

パラメタ b_j および b_k は値が等しい（$b_j = b_k$）が、パラメタ a_k の方が a_j よりも値が大きい（$a_j < a_k$）場合には、項目 k の特性曲線の方が項目 j の特性曲線よりも変曲点 $b_j (= b_k)$ の前後間での傾きが急であり（縦軸方向の変化量が大きい）、変曲点の前後で特性尺度値 θ の違いをより明らかに識別できる。つまり、パラメタ a の値によって特性尺度値を識別する力が決まるのであるから、パラメタ a は識別力パラメタ（discrimination parameter）と呼ばれる。

表7.1　語彙理解尺度項目のパラメタ値
（芝・野口, 1982）

項目番号	項目	識別力	困難度
1	むずかしい	1.0	−4.5
2	あおむけになる	1.0	−3.6
3	さっそく	0.9	−2.7
4	軽蔑する	0.6	−1.6
5	やさきに	0.5	−0.6
6	年配の	0.4	0.7
7	なおざりにする	0.4	1.7
8	唐突	0.5	2.8
9	固執	0.5	3.9
10	森羅万象	0.3	4.7

具体例として、語彙理解尺度（芝, 1978）の中で実際に用いられた項目の一部について、項目パラメタ値を表7.1に示しておく。これらの項目は5枝選択形式で、表中に示した単語に最も意味の近い単語を5つの選択枝から受験者に選んで解答させている。なお、潜在特性尺度の原点と単位とはそれぞれ、中学校1年生の受験者集団で推定尺度値の平均値が0.0、標準偏差が1.0となるように定められている。

7.2.3　局所独立の仮定

ここまでは単一の項目に関するモデルであったが、テストは複数の項目がひと組みになって構成されるため、テストに含まれる項目間の関係も問題になる。項目応答理論ではテストに含まれる複数の項目に対する応答について、「局所独立 (local independence) の仮定」がおかれる。これは、「潜在特性尺度値をある値に固定した場合に、テストに含まれるn項目に対する応答は相互に独立に生ずる」とするものである。その結果、ひとりの受験者の解答について考えた場合、項目jに正答したか誤答したかが、別の項目kに正答するか誤答するかに全く影響しないということになる。この仮定は、項目jの結果を利用して項目kを解くなど、項目間に特別な関係がない限り成り立つ。

いま、n項目から構成されるテストで受験者が示す項目応答パタンを$u = (u_1, u_2, ..., u_n)$で表わす。ここで項目jに対して受験者が正答ならば$u_j = 1$、誤答ならば$u_j = 0$である。この時、局所独立の仮定により、潜在特性尺度値がθである受

験者がこのような項目応答パタンを示す確率は、

$$\text{Prob}(u_1, u_2, ..., u_n | \theta) = \prod_{j=1}^{n} \text{Prob}(u_j | \theta) \tag{7.5}$$

で表わされる。$u_j = 1$ のとき、$\text{Prob}(u_j|\theta)$ は潜在特性尺度値が θ の受験者が項目 j に正答する確率を表わし、この値は項目特性曲線 $P_j(\theta)$ で得られる。また、$u_j = 0$ の時は同じく誤答する確率を表わし、この値は $1 - P_j(\theta)$ で得られる。ここで、$Q_j(\theta) = 1 - P_j(\theta)$ とすると、(7.5) 式は、

$$\text{Prob}(u_1, u_2, ..., u_n | \theta) = \prod_{j=1}^{n} P_j(\theta)^{u_j} \cdot Q_j(\theta)^{1-u_j} \tag{7.6}$$

で表わされる。

例えば、受験者 i が 3 項目テストで順に正答、誤答、正答という項目応答パタンを示す確率はモデル上、

$$\text{Prob}(1,0,1|\theta_i) = P_1(\theta_i) Q_2(\theta_i) P_3(\theta_i) \tag{7.7}$$

で与えられる。

この「局所独立の仮定」の「局所」とは潜在特性尺度値 θ で条件づけることを意味しており、潜在特性尺度値が θ である受験者が項目応答パタン $\boldsymbol{u} = (u_1, u_2, \cdots, u_n)$ を示す条件付き確率が $P_j(\theta)$ または $Q_j(\theta)$ の積で表わされるという仮定である。この局所独立の仮定は、そのテストに含まれる項目群に共通な潜在特性が唯ひとつであることを意味している。すなわち、テストが 1 次元性を満たしているということに等しい。

7.2.4 受験者個人の潜在特性尺度値の推定

項目応答モデルでは潜在特性尺度値 θ を推定して受験者個人の測定結果を表わす。受験者個人の潜在特性尺度値 θ は、実際にテストを実施し、採点した後で得られる項目応答パタン $(u_1, u_2, ..., u_n)$ をもとに、数理統計学で最尤推定法（maximum likelihood estimation）と呼ばれる方法を用いて推定する。これは、実際に観測された項目応答パタンが得られる確率が最も大きい θ の値を持ってその受験者の潜在特性尺度値の推定値とする方法である。

いま仮に、4項目から構成されるテストがあり、各項目のパラメタ値が、$a_j = 1.0$ ($j = 1,2,3,4$), $b_1 = -1.5$, $b_2 = -0.5$, $b_3 = +0.5$, $b_4 = +1.5$ であるとする。この時、潜在特性尺度上のいくつかの点において項目応答パタン (1,0,0,0)、(1,1,0,0) および (1,1,1,0) が生ずる確率は表7.2に示したとおりである。これらの値は(7.6)式を用いて計算される。例えば、$\theta = 0.0$ の時に項目応答パタン (1,1,0,0) が生じる確率は、

$$\begin{aligned}\Pr(1,1,0,0|\theta = 0.0) &= P_1(\theta)P_2(\theta)Q_3(\theta)Q_4(\theta) \\ &= 0.9276 \times 0.7006 \times 0.7006 \times 0.9276 \\ &= 0.4223\end{aligned} \tag{7.8}$$

で得られる。

表7.2を縦に見ると、$\theta = -1.5$ では応答パタン#1から順に確率が0.407、0.074、0.002で#1で最も大きい値を示すが、$\theta = 0.0$ では応答パタン#2で、さらに $\theta = +1.5$ では応答パタン#3で最も大きい値を示す。これに対して、表7.2を横方向に見ると、応答パタン#1については $\theta = -1.0$ で最大値0.449を、#2については $\theta = 0.0$ で最大値0.422を、#3については $\theta = 1.0$ で最大値0.449をとることがわかる。これら各項目応答パタン毎に最大値を示す特性尺度値θの値は、ここに挙げられたθの値の中でその項目応答パタンが生起する可能性が最も高い値ということであり、受験者の特性尺度値の候補として最も適当な値と言える。表7.2ではθの値を9つの点に限ったが、実際の受験者の特性尺度値を推定する際には、連続変数θ上で最大値を与えるθの値を求めることになる。

すなわち、受験者 i が特定の項目応答パタン $\boldsymbol{u} = (u_1, u_2, ..., u_n)$ を示す確率は

表7.2 4項目テストの応答パタンの生起確率

	−3	−2.5	−2	−1.5	−1	−0.5	0	0.5	1	1.5	2	2.5	3
パタン#1 (1,0,0,0)	.071	.148	.273	.407	.449	.346	.180	.063	.015	.002	.000	.000	.000
パタン#2 (1,1,0,0)	.001	.005	.021	.074	.192	.346	.422	.346	.192	.074	.021	.005	.001
パタン#3 (1,1,1,0)	.000	.000	.000	.002	.015	.063	.180	.346	.449	.407	.273	.148	.071

注：このテストでは全部で16($=2^4$) 通りの項目応答パタンが生じ得るが、上記以外のものは省略した。

(7.6) 式で与えられるが、既にテストを実施した結果が得られている場合には、$(u_1, u_2, ..., u_n)$ は項目応答データとして与えられるから、(7.6) 式は受験者の潜在特性尺度値 θ のみが変数となる 1 変数関数となる。これを受験者の潜在特性尺度値 θ に関する尤度関数 (likelihood function) と呼び、

$$L(u|\theta) = \prod_{j=1}^{n} P_j(\theta)^{u_j} Q_j(\theta)^{1-u_j} \tag{7.9}$$

で表わされる。この式と (7.6) 式とは右辺が全く同じであるが、(7.6) 式では「潜在特性尺度値が θ である受験者が項目応答パタン $\boldsymbol{u} = (u_1, u_2, ..., u_n)$ を示す確率」を表わすのに対して、この式では「所与の項目応答パタン $\boldsymbol{u} = (u_1, u_2, ..., u_n)$ が生起する確率が特性尺度値 θ の変化に対応してどのような値をとるか」を表わしている。前者は表 7.2 を縦方向に見た場合に、後者は横方向に見た場合に相当する。この尤度関数の最大値を与える θ を求めるのに、計算の便宜上、通常は両辺の対数をとり、対数尤度関数 (log-likelihood function)

$$\ln L(u|\theta) = \sum_{j=1}^{n} \{u_j \ln P_j(\theta) + (1-u_j) \ln Q_j(\theta)\} \tag{7.10}$$

を用いる。

そして、(7.10) 式を θ について微分した結果を 0 とおくと、尤度方程式 (likelihood equation)

$$\sum_{j=1}^{n} a_j \{u_j - P_j(\theta)\} = 0 \tag{7.11}$$

が得られ、これを θ について解いた結果が当該受験者の潜在特性尺度値 θ の最尤推定値 (maximum likelihood estimate) になる。これを通常は $\hat{\theta}$ と表わす。(7.11) 式は n 項目すべての項目特性曲線が等しい場合を除いて解析的に解くことは困難であり、コンピュータを用いた数値計算により解を求める。

7.2.5 テスト情報量 (関数)

項目応答理論ではテストの測定精度を表わすのに「テスト情報量 (amount of test information); $I(\theta)$」が用いられる。これは、潜在特性尺度値 θ の関数で表わされ、2 パラメタ・ロジスティック・モデルの場合、

$$I(\theta) = D^2 \sum_{j=1}^{n} a_j^2 P_j(\theta) Q_j(\theta) \tag{7.12}$$

になる。ここで n はテストに含まれる項目数、$P_j(\theta)$ は項目特性関数、$Q_j(\theta) = 1 - P_j(\theta)$、そして、$D$ は定数でその値は 1.7 である。より厳密には 1.702 であるが、実用水準では通常 1.7 が用いられる。

この $I(\theta)$ は「推定すべき母数 θ に対する最尤推定量 $\hat{\theta}$ の漸近分布が平均 θ、分散 $1/I(\theta)$ の正規分布に従う」という数理統計学で証明されている最尤推定量に関する一般的な性質を、項目応答理論で個人の潜在特性尺度値 θ を推定する状況に適用したものである。言い換えると、特性尺度値が θ である受験者に対して n 項目から構成される同じテストを何度も繰り返し実施するという状況を仮に想定した時に、1 回実施する度に得られた項目応答パタンから計算される推定尺度値 $\hat{\theta}$ について分布が得られるが、$I(\theta)$ はその分布の分散（測定の誤差分散）の逆数に相当する。この性質は項目数 n が大きい時に成り立つことであるが、項目数が少ないテストに対しても援用される。

いま、テスト A およびテスト B という 4 項目から構成される 2 つのテストがあったとする。テスト A では項目 1 から順に、識別力パラメタ値が 0.6, 1.0, 1.2, 0.8、困難度パラメタ値が −1.5, −0.5, +0.5, +1.5 であり、テスト B では項目 1 から順に、識別力パラメタ値が 0.6, 1.0, 1.2, 0.8、困難度パラメタ値が −0.5, 0.0, 0.0, +0.5 であるとする。4 項目テストの場合に可能な項目応答パタンは 16 ($= 2^4$) 通り存在するが、表 7.3 に、特性尺度値 θ の値が 0.0 の受験者がテスト A および B を受験した時に各項目応答パタンをとる確率と、その項目応答パタンから計算される推定尺度値、そして $\hat{\theta}$ の平均、分散、標準偏差とを示した。

真の特性尺度値が 0.0 の場合に、テスト A では推定尺度値の平均が −0.029、標準偏差が 0.740 であるのに対して、テスト B では推定尺度値の平均が −0.000（小数第 4 位を 4 捨 5 入）、標準偏差が 0.561 である。平均値については両方のテスト間で大きな違いはなく、いずれの場合も真の尺度値 0.000 にほぼ等しい値を示すが、標準偏差についてはテスト B の方がテスト A よりも小さな値を示している。このことは、特性尺度値が 0.0 である受験者に対して実施した場合にテスト B の方がテスト A よりも真の潜在特性尺度値に近い推定値が得られる可能性が高いということを意味している。

一般に、推定尺度値の分布の平均が真の特性尺度値 θ に近く、かつ、標準偏差

7.2 項目応答理論の基本

が小さい方が精度の面で良い測定結果を与えるということになる。この場合は、テスト B の方がこの受験者に対して精度の高い測定が可能であることになる。項目応答パタン (0,0,0,0) および (1,1,1,1) の場合を除いて平均および標準偏差を算出しているが、これらのパタンをとる確率が全体の中では低いため、ここで算出した値に対する影響はほとんどない。

テスト A とテスト B の間でこのような違いが生ずるのは、両者に含まれる項目のパラメタ値が異なることによる。項目困難度がテスト A では −1.5, −0.5, +0.5, +1.5 であるのに対して、テスト B では −0.5, 0.0, 0.0, +0.5 であるが、テスト B の方が真の尺度値 0.0 に近い困難度を持つ項目から構成されている。このことが、真の尺度値 0.0 に近い推定尺度値が得られる可能性を高くしている。

以上のことから、テストの精度は、そのテストに含まれる項目の困難度パラメタの値に依存し、測定対象となる受験者の特性尺度値により変化することがわかる。識別力パラメタについては示していないが、困難度パラメタと同様にテストの精度に影響する。

表 7.3 のテスト A およびテスト B について、(7.12) 式を用いてテスト情報量を計算した結果は、θ = 0.0 ではテスト A で 1.758、テスト B で 2.420 となる。これらの値の逆数は順に 0.569, 0.413 であるが、対応する分散の値は順に 0.547, 0.314 である (表 7.3) が、テスト情報量の逆数と比較するときわめて近い値を示している。このことから、テスト情報量が確かに特性尺度値の推定精度を表わすことがわかる。

ところで、テスト情報量を表わす (7.12) 式の右辺について、

$$I_j(\theta) = D^2 a_j^2 P_j(\theta) Q_j(\theta) \tag{7.13}$$

とおくと、テスト情報量は、

$$I(\theta) = \sum_{j=1}^{n} I_j(\theta) \tag{7.14}$$

になる。これは、テスト情報量が各項目毎に定義される $I_j(\theta)$ の総和で得られることを示している。したがって、$I_j(\theta)$ はテスト全体のテスト情報量に対して各項目が貢献している分を表わしている。そこで、この $I_j(\theta)$ を項目情報量 (amount of item information) と呼ぶ。

表7.3 あるテストにおける項目応答パタンの生起確率および対応する推定尺度値：$\theta = 0.0$ の場合

	テストA		テストB	
	確率	推定値	確率	推定値
(0,0,0,0)	.035	−4.00	.062	−4.00
(1,0,0,0)	.160	−1.27	.104	−1.01
(0,1,0,0)	.081	−0.66	.062	−0.57
(0,0,1,0)	.013	−0.42	.062	−0.40
(0,0,0,1)	.005	−0.93	.032	−0.77
(1,1,0,0)	.375	−0.00	.104	−0.10
(1,0,1,0)	.058	0.19	.104	0.04
(1,0,0,1)	.021	−0.20	.053	−0.25
(0,1,1,0)	.029	0.56	.062	0.33
(0,1,0,1)	.011	0.19	.032	0.04
(0,0,1,1)	.002	0.37	.032	0.18
(1,1,1,0)	.135	1.20	.104	0.85
(1,1,0,1)	.049	0.75	.053	0.48
(1,0,1,1)	.008	0.96	.053	0.65
(0,1,1,1)	.004	1.50	.032	1.09
(1,1,1,1)	.018	4.00	.053	4.00
平均		−0.029		−0.000
分散		0.547		0.314
標準偏差		0.740		0.561

テストA

項目	1	2	3	4
識別力	0.6	1.0	1.2	0.8
困難度	−1.5	−0.5	0.5	1.5

テストB

項目	1	2	3	4
識別力	0.6	1.0	1.2	0.8
困難度	−0.5	0.0	0.0	0.5

結局、「テスト情報量は項目情報量の和で表わされる」ことになる。

7.2.6 項目パラメタ値の推定

これまでは項目パラメタの値が既知として話を進めてきたが、実際のテスト開発場面では項目パラメタの値を推定する必要がある。基本的には図7.4に示す受験者集団の項目応答行列をもとに、そのようなデータが得られる可能性（尤度）が最も高くなるような値を計算して、推定値とする。

すなわち、テストを実施した結果得られる受験者 i の項目 j に対する応答を u_{ij} ($i = 1, ..., N; j = 1, ..., n$) として（正答ならば1、誤答ならば0）、この矩形の行列をUとして、このデータから項目パラメタの値を最尤推定する。

実際には、図7.4には未知の項目パラメタ $\boldsymbol{a} = (a_1, a_2, ..., a_n)$、$\boldsymbol{b} = (b_1, b_2, ..., b_n)$、および受験者の潜在特性尺度値 $\theta = (\theta_1, \theta_2, ..., \theta_N)$ がある。

7.2 項目応答理論の基本

同時最尤推定法ではデータ行列 U が得られる尤度を最大にする $\boldsymbol{a} = (a_1, a_2, ..., a_n)$, $\boldsymbol{b} = (b_1, b_2, ..., b_n)$, および $\boldsymbol{\theta} = (\theta_1, \theta_2, ..., \theta_N)$ を求める。この時、尤度関数は、

$$L(U|\boldsymbol{a},\boldsymbol{b},\boldsymbol{\theta}) = \prod_{i=1}^{N}\prod_{j=1}^{n} P_j(\theta)^{u_{ij}} \cdot Q_j(\theta)^{1-u_{ij}} \tag{7.15}$$

で与えられる。この尤度関数を最大にする $\boldsymbol{a} = (a_1, a_2, ..., a_n)$, $\boldsymbol{b} = (b_1, b_2, ..., b_n)$ の値を持って項目パラメタの推定値とする。実際の計算では (7.15) 式の最大値を直接求めるのではなく両辺の自然対数をとった対数尤度関数、

$$\ln L(U|\boldsymbol{a},\boldsymbol{b},\boldsymbol{\theta}) = \sum_{i=1}^{N}\sum_{j=1}^{n}\{u_{ij}\ln P_j(\theta_i) + (1-u_{ij})\ln Q_j(\theta_i)\} \tag{7.16}$$

を $\boldsymbol{a} = (a_1, a_2, ..., a_n)$, $\boldsymbol{b} = (b_1, b_2, ..., b_n)$ および $\boldsymbol{\theta} = (\theta_1, \theta_2, ..., \theta_N)$ に関して偏微分して得られる $N+2n$ 本の連立方程式に対して数値計算によって解を求める。ただし、後に述べるように尺度の原点と単位の不定性から $\hat{\boldsymbol{\theta}} = (\hat{\theta}_1, \hat{\theta}_2, ..., \hat{\theta}_N)$ の平均を 0.0、標準偏差を 1.0 と定めたりするため、実際には $N+2n-2$ 本の連立方程式を数値計算によって解くことになる。

これに対して周辺最尤推定法は項目パラメタを推定する際には特に必要のない受験者の潜在特性尺度値 $\boldsymbol{\theta} = (\theta_1, \theta_2, ..., \theta_N)$ を推定することなく項目パラメタ値を推定する。基本データは図 7.4 に示すものと全く同じものを用いるが、異なる項目応答パタン毎にまとめて数え上げる点が異なっている。n 項目から構成されるテストでは 2^n 通りの項目応答パタンが原理的には存在し得るが、実際には困難度の低い項目群に誤答し、困難度の高い項目群に正答するなど観測されない項目応答パタンもあれば、複数の受験者で観測される項目応答パタンもある。図 7.4 の受験者の母集団を想定し、そこで潜在特性尺度値 θ が $g(\theta)$ という分布をするとして、異なる種類の項目応答パタンを $\boldsymbol{u}_p$ $(p=1, ..., 2^n)$ とする。潜在特性尺度値 θ で項目応答パタン $\boldsymbol{u}_p$ が生起する確率は、$m=2^n$ とすると、

$$\text{Prob}(\boldsymbol{u}_p|\theta) = \prod_{j=1}^{n} P_j(\theta)^{u_{pj}} \cdot Q_j(\theta)^{1-u_{pj}} \tag{7.17}$$

で与えられる。さらに母集団全体で項目応答パタン $\boldsymbol{u}_p$ が生起する確率を $p(\boldsymbol{u}_p)$ とすると、

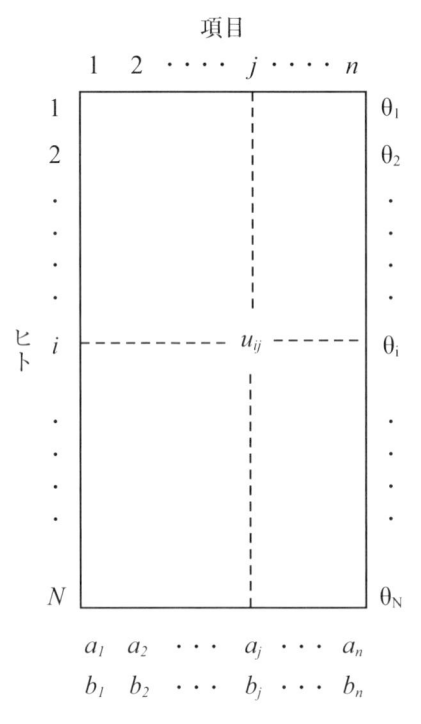

図7.4 受験者集団の項目応答行列

$$P(\boldsymbol{u}_p) = \int_{-\infty}^{+\infty} g(\theta) \cdot \mathrm{Prob}(u_p|\theta) d\theta \\ = \int_{-\infty}^{+\infty} g(\theta) \cdot \prod_{j=1}^{n} P_j(\theta)^{u_{pj}} \cdot Q_j(\theta)^{1-u_{pj}} d\theta \quad (7.18)$$

となる。

ここで、図7.4の N 名の受験者について項目応答パタン $\boldsymbol{u}_p$ ($p = 1, ..., 2^n$) 別に受験者数を集計した結果を N_p ($p = 1, ..., 2^n$) とすると、母集団からランダムに選ばれた（とみなせる）受験者集団で項目応答パタン $\boldsymbol{u}_p$ ($p = 1, ..., 2^n$) 別の受験者数が N_p ($p = 1, ..., 2^n$) になる確率は多項分布で表現できる。すなわち、$m = 2^n$ として、

7.2 項目応答理論の基本

$$\text{Prob}(N_1,N_2,\ldots,N_m|\mathbf{a},\mathbf{b}) = \frac{N!}{\prod_{p=1}^{m} N_p!} \prod_{p=1}^{m} p(\boldsymbol{u}_p)^{N_p} \quad (7.19)$$

で表わされる。ここで、右辺の $p(\boldsymbol{u}_p)$ ($p = 1, \ldots, m$) の中に未知の項目パラメタ $\boldsymbol{a} = (a_1, a_2, \ldots, a_n)$ および $b = (b_1, b_2, \ldots, b_n)$ が含まれている。したがって、周辺最尤推定法では観測された周辺度数 $(N_1, N_2, \ldots, N_m)$ から尤度関数、

$$L(N_1,N_2,\ldots,N_m|\mathbf{a},\mathbf{b}) = \frac{N!}{\prod_{p=1}^{m} N_p!} \prod_{p=1}^{m} p(\boldsymbol{u}_p)^{N_p} \quad (7.20)$$

ただし、$m = 2^n$

を最大にする $\boldsymbol{a} = (a_1, a_2, \ldots, a_n)$ および $\boldsymbol{b} = (b_1, b_2, \ldots, b_n)$ の値を求める。得られた $\hat{\boldsymbol{a}} = (\hat{a}_1, \hat{a}_2, \ldots, \hat{a}_n)$ および $\hat{\boldsymbol{b}} = (\hat{b}_1, \hat{b}_2, \ldots, \hat{b}_n)$ が項目パラメタの最尤推定値になる。実際に計算するにあたっては、同時最尤推定法の場合と同様に (7.20) 式の両辺の対数をとって、対数尤度関数、

$$\ln L(N_1,N_2,\ldots,N_m|\mathbf{a},\mathbf{b}) = \sum_{p=1}^{m} N_p \ln\{p(u_p)\} + \text{const.} \quad (7.21)$$

を最大にする $\boldsymbol{a} = (a_1, a_2, \ldots, a_n)$ および $\boldsymbol{b} = (b_1, b_2, \ldots, b_n)$ の値を求める。そのためには、(7.21) 式を $(a_1, a_2, \ldots, a_n)$ および $(b_1, b_2, \ldots, b_n)$ の各々で偏微分して得られる式の右辺を 0 とおいた連立方程式を解けばよい。この場合は $g(\theta)$ の平均を 0.0、標準偏差を 1.0 と定めておくことが多い。

同時最尤推定法がかつてはよく用いられたが、既に述べたようにテスト開発段階では特に必要ではない受験者の潜在特性尺度値の推定を実行すること、項目パラメタ推定値が統計数理的に望ましい性質（一致性、すなわち、標本数が大きくなると推定値が真値に近づくという性質）を持たないこと、などの理由から現在は周辺最尤推定法が用いられることが多くなっている。

以上の最尤推定法とは異なる文脈で、観測されたデータのみの情報を用いて項目パラメタ値を推定するのではなく、それに加えて以前の研究などから得られている情報（例えば潜在特性尺度値の母集団分布に関する情報など）を積極的に推測過程に取り入れるベイズ統計学の考え方に基づくベイズ推定法も用いられる。

7.2.7 尺度の原点と単位の不定性

IRT 尺度では、項目パラメタ値や潜在特性尺度値を表現する尺度の目盛りの原点と単位とは線形変換の範囲内で自由に決定できることを既に述べた。このため、異なる原点と単位を持つ複数の IRT 尺度は適切な線形変換を行うことによって、すべて共通の原点と単位を持つ共通尺度に合わせられる。これを「IRT 尺度の等化」という。等化については「8. 尺度等化と垂直尺度化」で述べるが、ここでは「原点と単位の不定性」について解説する。

いま、尺度 θ（ここでは潜在特性尺度を単に尺度という）で項目特性曲線が、

$$P(\theta) = \frac{1}{1 + \exp\{-Da(\theta - b)\}} \tag{7.22}$$

ただし、$D=1.7$

で表わされ、尺度 θ^* で項目特性曲線が、

$$P^*(\theta^*) = \frac{1}{1 + \exp\{-Da^*(\theta^* - b^*)\}} \tag{7.23}$$

で表わされているものとする。

尺度の原点と単位が線型変換の範囲で不定であることを示すためには、(7.22) 式の $P(\theta)$ と (7.23) 式の $P^*(\theta^*)$ とが等しくなることを示せばよい。

いま尺度 θ と尺度 θ^* とは線型変換の関係にあるとする。

$$\theta^* = k \times \theta + l, \quad \text{ただし、} k > 0 \tag{7.24}$$

この時、項目パラメタについて、困難度パラメタは潜在特性尺度上の値で表わされるので、(7.24) 式と同様に、

$$b^* = k \times b + l \tag{7.25}$$

と表わされる。識別力パラメタは項目特性曲線の変曲点における傾きの定数倍であるから、横軸の潜在特性尺度が k 倍された場合でも、縦軸の正答確率のきざみは変わらず、横軸方向のみ k 倍されることになるから、勾配は $1/k$ 倍になる。す

なわち、

$$a^* = \frac{1}{k} \times a \tag{7.26}$$

という関係が得られる。尺度 θ^* 上で項目特性曲線が、

$$P^*(\theta^*) = \frac{1}{1 + \exp\{-Da^*(\theta^* - b^*)\}} \tag{7.27}$$

と表わされるが、右辺分母の第2項は（7.24）(7.25)(7.26) 式を代入すると、

$$\exp\{-Da^*(\theta^* - b^*)\} = \exp\left\{-D \times \frac{1}{k}a \times [(k\theta + l) - (kb + l)]\right\}$$

$$= \exp\{-Da(\theta - b)\} \tag{7.28}$$

となり、結局、

$$P^*(\theta^*) = P(\theta) \tag{7.29}$$

が得られ、正答確率が等しいことになる。

すなわち、項目の特性を尺度 θ で表わしても、尺度 θ^* で表わしても両者が線型変換の関係にある限り、正答確率と潜在特性との関係に変化はないということになる。

7.2.8 その他の2値型モデル

受験者のテスト項目に対する応答が正答か誤答かに限られる場合でも、選択枝形式の項目では本来正解がわからない受験者でも選択枝をランダムに選んで解答した結果、たまたま正答選択枝を選んで得点を得ることがある。あて推量（random guessing）による正答である。このような状況を想定したモデルに「3 パラメタ・ロジスティック・モデル」がある。

このモデルの項目特性曲線は（7.30）式で表わされ、図 7.5 のような形状を示す。

$$P_j(\theta) = c_j + (1 - c_j) \frac{1}{1 + \exp\{-1.7a_j(\theta - b_j)\}} \quad (7.30)$$

(7.30) 式には a_j, b_j, c_j の 3 つのパラメタが含まれている。a_j は項目特性曲線の立ち上がりの程度（勾配）を表わし，2 パラメタ・ロジスティック・モデルの識別力パラメタに相当する。b_j は項目特性曲線の位置を表わし，2 パラメタ・ロジスティック・モデルの識別力パラメタに相当する。ただし，b_j における正答確率 $P_j(b_j)$ は 0.5 ではないことに注意しなければならない。c_j は項目特性曲線の下方漸近線の高さを表わし，多枝選択形式の項目であて推量による正答が生ずる確率を表わす「あて推量パラメタ」である。

(7.30) 式は次のように導かれる。いま，この項目 j で選択枝が与えられなくても正答できる確率を $P_j^*(\theta)$ として，さらに正解がわからない受験者で選択枝が与えられたことによって正答できる確率を c_j とする（必ずしもランダムに選択枝を選ぶとは限らない）。すると，最終的に潜在特性尺度値が θ である受験者が正答を得ることができる確率 $P_j(\theta)$ は，本来正答できる確率 $P_j^*(\theta)$ と本来正答はできないがあて推量により正答できる確率 $c_j \times \{1 - P_j^*(\theta)\}$ の和になるから，

$$\begin{aligned}P_j(\theta) &= P_j^*(\theta) + c_j \times \{1 - P_j^*(\theta)\} \\ &= c_j + (1 - c_j) \times P_j^*(\theta)\end{aligned} \quad (7.31)$$

となり，(7.30) 式に一致する。図 7.5 には a_j および b_j が等しい値を持つ，2 パラメタ・ロジスティック・モデルも合わせて描かれているが，常に 3 パラメタ・ロジスティック・モデルの項目特性曲線が上方に位置している。

なお，パラメタ c_j は「あて推量」に関係するパラメタではあるが，例えば 4 枝選択形式の項目で常に 0.25 になるとは限らない点に注意が必要である。

また，2 パラメタ・ロジスティック・モデルで識別力が項目間で異ならないことを仮定した 1 パラメタ・ロジスティック・モデルがある。このモデルはデンマークの数学者 George Rasch が別の文脈から考案したものであるが，数理的には 1 パラメタ・ロジスティック・モデルとして位置づけることができる。考案者に敬意を表して「ラッシュ・モデル」と呼ばれることが多い。なお，ラッシュ・モデルに関しては「7.4 ラッシュ・モデル」「10. パフォーマンス測定に関する分析」で改めて取り上げる。

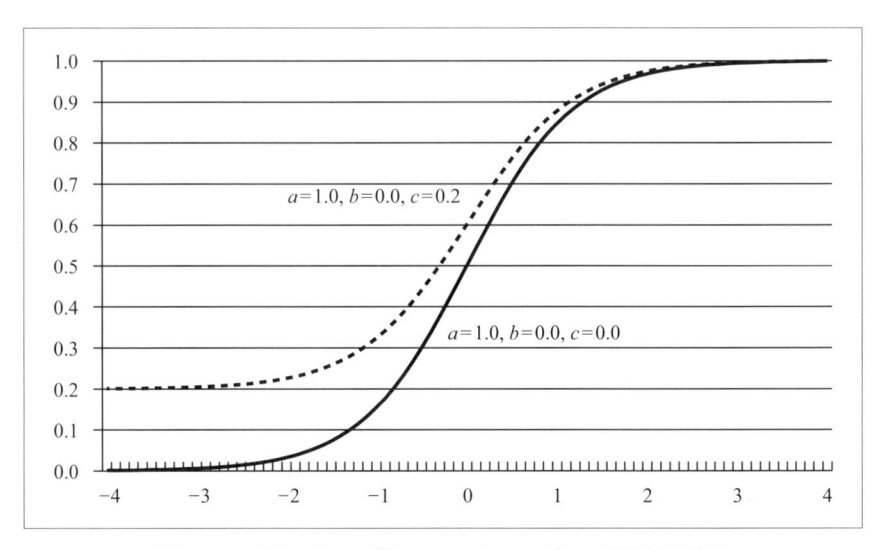

図7.5　3パラメタ・ロジスティック・モデルの項目特性曲線

1パラメタ・ロジスティック・モデルの項目特性曲線は (7.31) 式で表わされ、図7.6のような形状を示す。(7.31) 式では b_j のみがパラメタになる。a はテストを構成するすべての項目に共通な定数で、図7.6に示したように項目特性曲線は傾きがすべての項目で等しく、位置が異なるだけである。b_j は2パラメタ・ロジスティック・モデルと同じく項目の困難度を表わす。

このモデルは推定すべきパラメタの数が少ないため、項目応答モデルの中では比較的少数の受験者で精度のよい推定値が得られる。言語テストでは欧州や豪州で開発される言語テストの分析モデルとしてよく用いられている。

$$P_j(\theta) = \frac{1}{1 + \exp\{-1.7a(\theta - b_j)\}} \tag{7.32}$$

7.3　多値型項目応答モデル

項目応答モデルには、これまで述べて来た観測変量が2値型のモデルに加えて、観測変量が多値型のモデルがある。すなわち、受験者の応答が「正答－誤答」「はい－いいえ」などの2値型ではなく、多値型である場合を取り扱うモデルで「多値型応答モデル (polytomous response model)」と呼ぶ。そして、多値型の応答

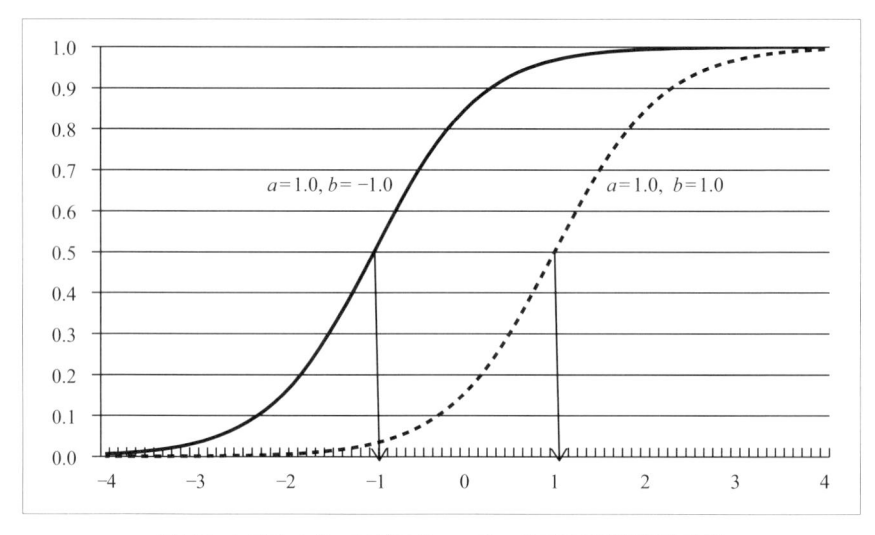

図7.6 1パラメタ・ロジスティック・モデルの項目特性曲線

が名義的なカテゴリで与えられている場合に用いられる「名義応答モデル (nominal response model)」(Bock, 1972) と多値型の応答が段階 (順序) づけられたカテゴリで与えられる場合に用いられる「段階応答モデル (graded response model)」(Samejima, 1969) および「一般化部分得点モデル (partial credit model)」(Muraki, 1992) とに大別される。ここでは段階応答モデルについて述べる。

これは、受験者 (回答者) の応答が、「完全な正答－部分的に正答－誤答」「非常に賛成－やや賛成－どちらとも言えない－やや反対－非常に反対」などの段階を持った多値型の場合に用いられるモデルで、一般には順序づけられたカテゴリの数に特に制限はないが、ここではカテゴリ数が4の場合を例にして簡単に説明する。

いま、受験者の応答が (1,2,3,4) の4段階で得られ、潜在特性尺度値 (能力) が大きい受験者ほどカテゴリ4に、小さい受験者ほどカテゴリ1に応答する確率が高くなるものとする。この時、2パラメタ・ロジスティック・モデルにおける項目特性曲線と同様に、各項目のカテゴリごとに潜在特性尺度値と当該カテゴリに応答する確率との関係を表わす項目応答カテゴリ特性曲線 (Item Response Category Characteristic Curve: IRCCC) を設定する。しかしながら、すべてのIRCCCを統一的に表現でき、しかも数学的に取り扱いやすい関数が存在しないため、境界特性曲線 (Boundary Characteristic Curve: BCC) を設定し、それに2パラメ

7.3 多値型項目応答モデル

タ・ロジスティック・モデルの項目特性曲線に用いられたロジスティック曲線を用いる。BCC は、特性（能力）尺度値と当該カテゴリ以上の値を持つカテゴリに応答する確率との関係を表わす。

すなわち、潜在特性尺度値が θ で、カテゴリ $\{1,2,3,4\}$ の何れかに応答する確率を $P_{j0}^+(\theta)$、カテゴリ $\{2,3,4\}$ のいずれかに応答する確率を $P_{j1}^+(\theta)$、カテゴリ $\{3,4\}$ のいずれかに応答する確率を $P_{j2}^+(\theta)$、カテゴリ $\{4\}$ に応答する確率を $P_{j3}^+(\theta)$ とすると、項目 j においてカテゴリ k の境界特性曲線は、

$$P_{jk}^+(\theta) = \frac{1}{1 + \exp\{-Da_j(\theta - b_{jk})\}}, \quad k = 1,2,3 \tag{7.33}$$

で与えられる。なお、モデルの数式展開上の理由から、

$$P_{j0}^+(\theta) = 1.0 \tag{7.34}$$
$$P_{j4}^+(\theta) = 0.0 \tag{7.35}$$

をダミーで定義する。各境界特性曲線の形状は図 7.7 に示すようになる。なお、パラメタ a_j は同一項目ではカテゴリ間で等しいことが仮定される。

これらは、カテゴリ 1 を「完全な誤答」で 0 点、カテゴリ 2 を「誤答ではあるが少し部分点を与えられる」ということで 1 点、カテゴリ 3 を「正答に近いが十分な解答ではない」ということで 2 点、カテゴリ 4 は「完全な正答」で 3 点を与える状況を考えると、$P_{jk}^+(\theta)$ は $k = 1$ の時は潜在特性尺度値が θ の受験者が「1 点以上をとる」確率、$k = 2$ の時は「2 点以上をとる」確率、$k = 3$ の時は「3 点とる」確率を表わすことがわかる。ここでカテゴリが $\{1, 2\}$ の 2 つのみの場合は、カテゴリ 1 は「完全な誤答」で 0 点、カテゴリ 2 は「完全な正答」で 1 点が与えられて、$k = 1$ の時の境界特性曲線は 2 パラメタ・ロジスティック・モデルの項目特性曲線になる。すなわち、段階応答モデルは 2 パラメタ・ロジスティック・モデルの拡張モデルに相当することがわかる。

次に各カテゴリに受験者が応答する確率を表わす IRCCC を BCC から導くことになるが、カテゴリ $\{1\}$ に応答する確率は、カテゴリ $\{1,2,3,4\}$ のいずれかに応答する確率とカテゴリ $\{2,3,4\}$ のいずれかに応答する確率の差で、カテゴリ $\{2\}$ に応答する確率は、カテゴリ $\{2,3,4\}$ のいずれかに応答する確率とカテゴリ $\{3,4\}$ のいずれかに応答する確率の差で、カテゴリ $\{3\}$ に応答する確率は、カテゴリ

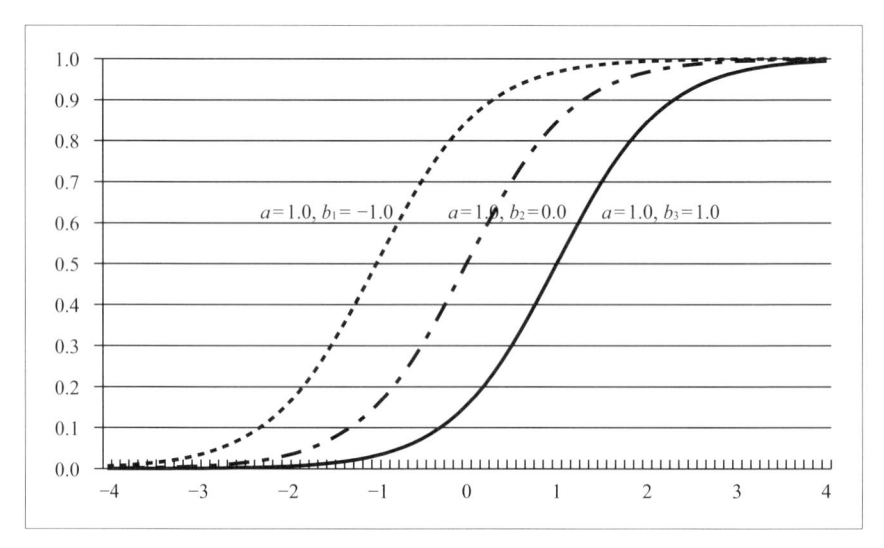

図7.7 　段階応答モデルの境界特性曲線

$\{3,4\}$ のいずれかに応答する確率とカテゴリ $\{4\}$ に応答する確率の差で与えられる。各カテゴリ $k=1,2,3,4$ の IRCCC を $P_{jk}(\theta)$ とすると、

$$P_{jk}(\theta) = P_{jk-1}^{+}(\theta) - P_{jk}^{+}(\theta), \quad k = 1,2,3,4 \tag{7.36}$$

となり、図7.8のような形状を示す。すなわち、カテゴリ1が単調減少、カテゴリ2と3は左右対称の単峰型、カテゴリ4が単調増加な曲線になっている。IRCCCの位置を表わすのに、カテゴリ1および4は応答確率が0.5になる横軸θの値で、カテゴリ2および3は IRCCC がピークを示す横軸θの値を用いる。すなわち、各カテゴリの IRCCC の位置を $b_{j1}^{\dagger}, b_{j2}^{\dagger}, b_{j3}^{\dagger}, b_{j4}^{\dagger}$ と表わすと、これらは BCC のパラメタを用いて、

$$b_{j1}^{\dagger} = b_{j1} \tag{7.37}$$

$$b_{j2}^{\dagger} = \frac{b_{j1} + b_{j2}}{2} \tag{7.38}$$

7.3 多値型項目応答モデル

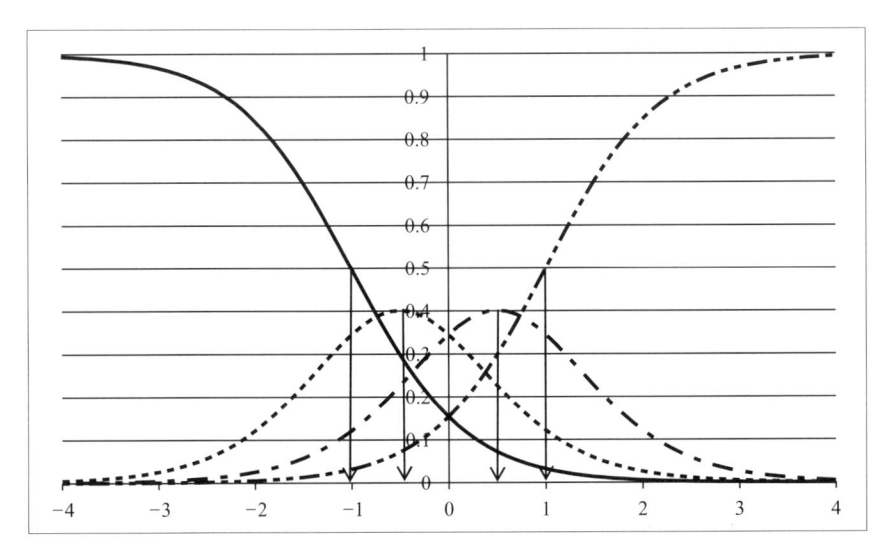

図7.8 段階応答モデルの項目カテゴリ応答曲線 ($b'_{j1} = -1, b'_{j2} = -0.5, b'_{j3} = 0.5, b'_{j4} = 1.0$)

$$b^{\dagger}_{j3} = \frac{b_{j2} + b_{j3}}{2} \quad (7.39)$$

$$b^{\dagger}_{j4} = b_{j3} \quad (7.40)$$

で得られる。

　受験者の潜在特性尺度値は2パラメタ・ロジスティック・モデルと同様に、受験者の項目応答パタンから最尤推定法により求めることができる。ただし、項目に対する応答が「正答−誤答」に対応する0か1の2値ではなく、いま取り上げている例ではカテゴリに対応する4つの値0,1,2または3の4値になる。このため、尤度関数も（7.9）式と異なり少し工夫することが必要になる。

　まず、受験者の項目に対する応答をカテゴリに対する応答に展開する。例えば、項目 j に対する応答がカテゴリ3で値が2であったならば、$u_j = 2$ であるが、これを各カテゴリに対して $(u_{j1}, u_{j2}, u_{j3}, u_{j4}) = (0,0,1,0)$ というように展開する。n 項目テストの場合には4つ区切りで3つ0、1つ1が入る $4n$ 個の要素から成る項目応答パタンに展開する。各要素に対応する IRCCC $P_{jk}(\theta), j = 1, ..., n; k = 1,2,3,4$ を用いると尤度関数は、

$$L(\boldsymbol{u}|\theta) = \prod_{j=1}^{n} \prod_{k=1}^{4} P_{jk}(\theta)^{u_{jk}} \tag{7.41}$$

となり、ここで未知なのは潜在特性尺度値のみであるから、この尤度関数を最大にする θ の値を持って当該受験者の潜在特性尺度値の推定値とする。実際の計算手続きは 2 パラメタ・ロジスティック・モデルに準じて進められる。

　項目および項目カテゴリに関するパラメタ、$a_j, b_{j1}, b_{j2}, b_{j3}, j = 1, ..., n$ も (7.15) 式に準じて尤度関数が、

$$L(\boldsymbol{U}|\boldsymbol{a},\boldsymbol{b},\boldsymbol{\theta}) = \prod_{i=1}^{N} \prod_{j=1}^{n} \prod_{k=1}^{4} P_{jk}(\theta_i)^{u_{ijk}} \tag{7.42}$$

で得られ、これを使って最尤推定値を得ることができる。具体的な手続きは煩雑なためここでは省略する。

　測定精度については、項目カテゴリに関する項目カテゴリ情報量、項目に関する項目情報量、そして、テスト全体に関するテスト情報量が定義されている。ここで、項目カテゴリ情報量は、

$$I_{jk}(\theta) = \frac{P'_{jk}(\theta)^2 - P_{jk}(\theta) \cdot P''_{jk}(\theta)}{P_{jk}(\theta)^2}, \quad j = 1, ..., n; k = 1, 2, 3, 4 \tag{7.43}$$

項目情報量は、

$$I_j(\theta) = \sum_{k=1}^{4} P_{jk}(\theta) \cdot I_{jk}(\theta), \quad j = 1, ..., n \tag{7.44}$$

テスト情報量は、

$$I(\theta) = \sum_{j=1}^{n} I_j(\theta) \tag{7.45}$$

で得られる。

　多値型モデルには、「段階応答モデル」の他に「一般化部分得点モデル」のあることを既に述べたが、これは「10. パフォーマンス測定に関する分析」で述べる「ラッシュ系のモデル」の「部分得点モデル (partial credit model)」を一般化したモデルであり、こちらもよく用いられる。

段階応答モデルは、項目カテゴリ特性曲線が境界特性曲線の差で与えられるため「差モデル」(Thissen & Steinberg, 1986) と分類される。これに対して、一般化部分得点モデルは後述するように「比モデル」(Thissen & Steinberg, 1986) に分類される。

7.4 ラッシュ・モデル

これまでに述べてきた項目応答モデルとは別の文脈から導かれたモデルにラッシュ・モデルと呼ばれる一連のモデルがある。パフォーマンス評価のための分析モデルとして、多相ラッシュ・モデル (Multi-faceted Rasch model) が最近よく用いられるが、ここでは、まず、ラッシュ・モデルが最初に提案された状況について述べ、続いて、拡張された評定尺度モデル (Rating-scale model) および部分得点モデル (Partial credit model) を取り上げる。多相ラッシュ・モデルは「10. パフォーマンス測定に関する分析」で取り上げる。

7.4.1 単純ラッシュ・モデル
【モデル導出の経緯】
デンマークの数学者である Rasch, G. によって提案されたモデルで、1945 年から 1948 年にかけて、国防省が兵士選抜に用いる集団式知能検査を開発するにあたり、コペンハーゲン大学心理学科を中心にデータが収集され標準化のための分析が実施された。その際項目分析にあたって、1) 母集団と独立に項目の困難度を定義する、2) 個人がどの項目に解答したかということと独立に個人の能力を定義する、という 2 つの問題を解決する必要性に気がつき、それを解決するために考案された。

ラッシュは 1952 年の終わりまでに国防省に新設された心理学部門グループと上記検査を再分析して、4 つの下位テストからなる新しい集団式知能テスト (BPP) を開発し、1955 年に教育調査研究所を設立して、諸原則の明瞭化、精密化、さらにそれの拡張を必要とする多くの問題を検討した (Rasch, 1960)。

【ラッシュによる定式化】
ラッシュは、個人の能力を ξ (>0)、項目の困難度を δ (>0) で表わし、ξ も δ も絶対原点を持つ比尺度で表わされているものとした。

この時、個人の能力値 ξ と項目の困難度 δ との比 ξ/δ をとると、この値は、項目が一定ならば能力が高い（分子の ξ が大きい）ほど大きな値をとり、個人が一定ならば困難度が高い（分母の δ が大きい）ほど小さな値をとる。また、個人1が個人2の k 倍の能力を持ち、すなわち、$\xi_1 = k\xi_2$、項目1が項目2の k 倍の困難度を持つ、すなわち、$\delta_1 = k\delta_2$、ならば、個人1の能力値の項目1の困難度に対する比と、個人2の能力値の項目2の困難度に対する比は、

$$\frac{\xi_1}{\delta_1} = \frac{k\xi_2}{k\delta_2} = \frac{\xi_2}{\delta_2} \tag{7.46}$$

とから等しくなる。
　この時、個人 i が項目 j に正答する確率を個人の能力値と項目困難度の比の関数で表わすと上記の2つの場合の正答確率は等しくなる。
　すなわち、

$$\mathrm{Prob}(u_{11}|\xi_1,\delta_1) = f(\xi_1/\delta_1) = f(\xi_2/\delta_2) = \mathrm{Prob}(u_{22}|\xi_2,\delta_2) \tag{7.47}$$

　具体的な関数形には、上述の必要な性質を満足し、できる限り単純なものをモデルとして設定する。そして実用水準で利用可能か否かはモデルとデータの適合度を見ればよい。
　ラッシュは、$0 \leq \xi/\delta < +\infty$ の範囲で、$0 \leq f(\xi/\delta) \leq 1$ となる関数として、

$$f(\xi/\delta) = \frac{\xi/\delta}{1+\xi/\delta} = \frac{\xi}{\xi+\delta} \tag{7.48}$$

を用いた。
　すなわち、能力が ξ の受験者は困難度が δ である項目に正答する確率は、

$$\mathrm{Prob}(u = 1|\xi,\delta) = \frac{\xi}{\xi+\delta} \tag{7.49}$$

誤答する確率は、

$$\mathrm{Prob}(u = 0|\xi,\delta) = \frac{\delta}{\xi+\delta} \tag{7.50}$$

で表わされる。この ξ と δ は絶対原点を持つ比尺度で表わされる。

【ロジスティック関数表現】

　現在ラッシュ・モデルでは、正答確率を表わす関数にロジスティック関数が用いられ、能力を θ、項目困難度を b として、能力が θ である受験者が困難度が b の項目に正答する確率を、

$$\mathrm{Prob}(u=1|\theta,b) = \frac{\exp(\theta-b)}{1+\exp(\theta-b)} \tag{7.51}$$

誤答する確率を、

$$\mathrm{Prob}(u=0|\theta,b) = \frac{1}{1+\exp(\theta-b)} \tag{7.52}$$

で表わしている。これらは、

$$\xi = e^{\theta} \tag{7.53}$$
$$\delta = e^{b} \tag{7.54}$$

逆に、

$$\theta = \ln\xi \tag{7.55}$$
$$b = \ln\delta \tag{7.56}$$

という関係で変換される。ただし、$-\infty < \theta < +\infty$、$-\infty < b < +\infty$ であり、θ および b は ξ および δ とは異なり、絶対原点を持たない間隔尺度になる。

　実際にラッシュ・モデルが用いられる場合には、受験者集団の能力値の平均を 0.0 とおくか、テストに含まれる項目困難度の平均を 0.0 とおくか、いずれかを原点として採用する。

【1パラメタ・ロジスティック・モデルとの関係】

　ラッシュ・モデルは既に述べた項目応答理論の1パラメタ・ロジスティック・モデルと原点と単位を調整すると一致する。すなわち、1パラメタ・ロジスティッ

ク・モデルで項目 j の特性関数は、

$$P_j(\theta) = \frac{1}{1 + \exp\{-1.7a(\theta - b_j)\}} \qquad (7.57)$$

で表わされるが、$\theta^* = 1.7a\theta$、$b_j^* = 1.7ab_j$ とすると、(7.57) 式は、

$$P_j(\theta^*) = \frac{\exp(\theta^* - b_j^*)}{1 + \exp(\theta^* - b_j^*)} \qquad (7.58)$$

となり、ラッシュ・モデルの (7.50) 式に一致する。

したがって、数理モデルとしてはラッシュ・モデルは項目応答理論の1パラメタ・ロジスティック・モデルと等しくなる。だが、項目応答理論とはモデルの発想が全く異なるため、モデルの提唱者の名前を冠して、項目応答理論の文脈でも、1パラメタ・ロジスティック・モデルよりもラッシュ・モデルという名称が用いられることが多い。

【正答数得点とラッシュ・モデル】

ラッシュ・モデルの持つ特徴のひとつに「正答数得点がその受験者の能力特性尺度値を推定するための十分統計量になっている」ということがある。十分統計量とは、統計学一般の術語で言うと「観測された標本に含まれている母集団のパラメタに関する情報のすべてを要約する統計量」(「A statistic that, in a certain sense, summarizes all the information contained in a sample of observations about a particular parameter. (Everitt, B.S. (2002). The Cambridge Dictionary of Statistics. 2nd Ed. Cambridge University Press.)」)であり、ラッシュ・モデルの文脈では「観測された個人の項目応答パタンに含まれる能力尺度値に関する情報はすべて正答数得点に要約される。」ということである。言い換えると、テストの結果から受験者の能力尺度値を推定するのに正答数を超える情報はないということである。

実用場面では、テスト項目に対する応答パタンから能力尺度値を最尤推定する際に、毎回数値計算をする必要はなく、正答数得点 x と能力尺度の推定値 $\hat{\theta}$ との対応表を予め用意しておけば、受験者の正答数を数えて、表の対応する欄を見れば能力尺度推定値が得られる。

【ラッシュ・モデルの適合度】

ラッシュ・モデルは「テストに含まれる項目の識別力がすべての項目で等しい」という厳しい仮定をおいているため、モデルが実際のデータに適合するかどうかを検討する必要があり、その点を適用に際して重視している。具体的には、

1) ある項目でモデルが想定するよりも、低い能力の受験者での正答確率が他の多くの項目より低く、高い能力の受験者での正答確率が他の多くの項目よりも高く、いわば、困難度パラメタ値よりも低い能力値ではほとんど誤答し、高い能力値ではほとんど正答するという、「確率的」ではなく「確定的」な現象が見られる場合（図7.8）、

2) ある項目でモデルが想定するよりも、低い能力の受験者での正答確率が高く、かつ、高い能力の受験者での正答確率が低く、いわば、能力の高低が正答確率の高低に影響する度合いが他の多くの項目に比べて小さくなっている場合（図7.9）、

の2種類の不適合がある。

いずれの場合も、ラッシュ・モデルに対して当該項目の応答データが不適合であることを示している。前者を特に overfitting（過剰適合）、後者を misfitting（不適合）と呼ぶ（McNamara, 1996 および大友, 1996）。

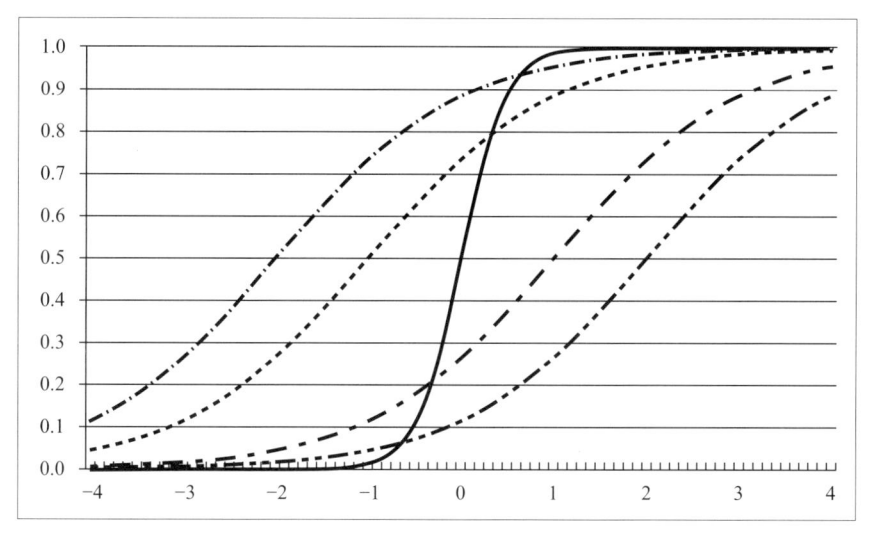

図7.8 過剰適合項目がある場合

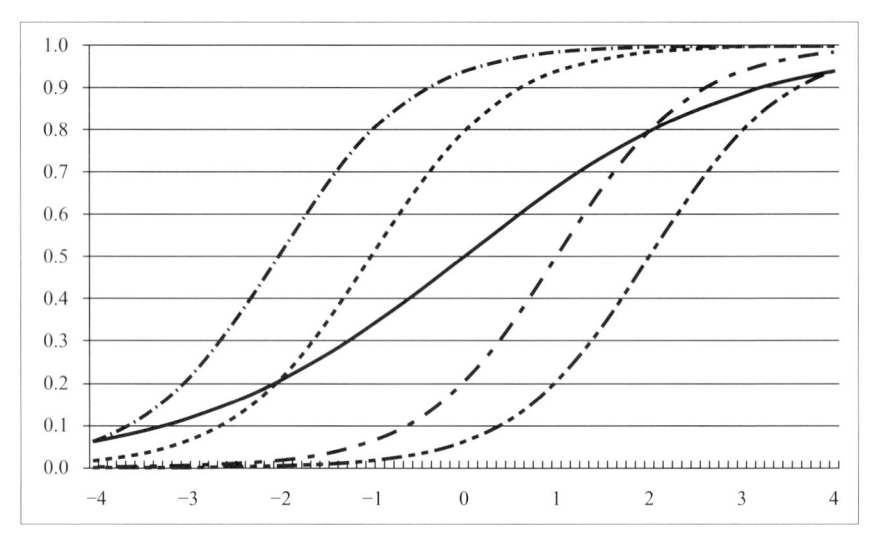

図 7.9　不適合項目がある場合

具体的に適合度を検討する指標としては、平均 2 乗適合度指標（mean square fit statistic）と標準化適合度指標（standardized fit statistic）の 2 つがよく用いられる。これらの指標では、まずモデルとデータの間の残差を個人 i の項目 j に対する応答 u_{ij} に対して定義する。

すなわち、残差 y_{ij} を実際の観測値 u_{ij} とモデルから計算される期待値 $E_{ij}(=P_j(\theta_i))$ との差、

$$y_{ij} = u_{ij} - E_{ij} \quad (i = 1, ..., N; j = 1, ..., n) \tag{7.59}$$

で定義した上で、標準化残差、

$$z_{ij} = \frac{u_{ij} - E_{ij}}{\sqrt{E_{ij}(1 - E_{ij})}} = \frac{u_{ij} - P_j(\theta_i)}{\sqrt{P_j(\theta_i)\{1 - P_j(\theta_i)\}}}$$
$$(i = 1, ..., N; j = 1, ..., n) \tag{7.60}$$

を使って、適合度を検定する指標を導出する。すなわち、項目 j に関して、mean square fit statistic（平均 2 乗適合度指標）が、

$$\gamma_j = \frac{\sum_{i=1}^{N} z_{ij}^2}{N}$$

$$(j = 1, ..., n) \tag{7.61}$$

で与えられ、standardized fit statistic（標準化適合度指標）が、

$$t_j = \{\ln(v_j) + v_j - 1\} \sqrt{\frac{N-1}{8}}$$

$$(j = 1, ..., n) \tag{7.62}$$

で与えられる（Wright & Masters, 1982 および Bond & Fox, 2001 参照）。

受験者に関しても同様の適合度指標が与えられ、受験者個人毎にラッシュ・モデルによる測定が適切であったかどうか検討することができる。すなわち、受験者 i に関して、mean square fit statistic が、

$$\gamma_i = \frac{\sum_{j=1}^{n} z_{ij}^2}{n}$$

$$(i = 1, ..., N) \tag{7.63}$$

で与えられ、standardized fit statistic が、

$$t_i = \{\ln(v_i) + v_i - 1\} \sqrt{\frac{n-1}{8}}$$

$$(i = 1, ..., N) \tag{7.64}$$

で与えられる。そして、v_j および v_i は χ^2 分布に、t_j および t_i は t 分布に従うことが示されている（Wright & Masters, 1982、McNamara, 1996 および Bond & Fox, 2001 参照）。

v_j および v_i の期待値は 1.0 になり、0.75 未満ならば有意に overfit、0.75 以上で、1.3 以下ならば適合（有意でない）、1.3 超過ならば、有意に misfit と判断される。また、t 統計量の場合は、t の値が -2.0 未満ならば有意に overfit、-2.0 以

上で、+2.0以下ならば適合（有意ではない）、+2.0超過ならば有意にmisfitと判断される。

これらの適合度指標の値はラッシュ・モデルの分析プログラムで出力されるので、利用者は適合度に関してはそれを参照すればよい。

ところで、以上で述べた統計量 v_j, v_i, t_j, t_i の基本は (7.59) 式で表わされる残差をもとにしている。すなわち、受験者 i が項目 j に対して実際に示した正誤（データでは1か0）と受験者 i の能力値 θ_i と項目 j の困難度 b_j とから計算される期待値 $P_j(\theta_i)$ の差の大きさをもとにしているが、能力値 θ_i と困難度 b_j の値が近い場合、すなわち、項目 j が受験者 i の能力を測定するのに適している場合と、能力値 θ_i と困難度 b_j の値が離れている場合、すなわち、項目 j が受験者 i の能力を測定するのにあまり適していない場合とで適合度を判断するにあたって重要度が異なると考えることもできる。この考え方を取り入れたものが「重み付き適合度指標 (Infit statistic)」である。これに対して (7.61) から (7.64) で示した、重みを付けない適合度指標を Outfit statistic と呼ぶ。Infit statistic は information-weighted mean square fit statistic の、outfit statistic は outlier-sensitive mean square fit statistic を略したものである（静, 2007）。

重み付き適合度指標は、項目に関しては (7.61) および (7.62) に対応して、

$$v'_j = \frac{\sum_{i=1}^{N} z_{ij}^2 w_{ij}}{\sum_{i=1}^{N} w_{ij}}$$

$$(j = 1, \ldots, n) \qquad (7.65)$$

で mean square fit statistic が与えられる。ただし、w_{ij} は z_{ij}^2 に対する重みで、一般に $P_j(\theta_i)\{1 - P_j(\theta_i)\}$ が用いられる。そして、standardized fit statistic が、

$$m_{ij} = w_{ij}(1 - 3w_{ij}) \qquad (7.66)$$

$$q_j^2 = \frac{\sum_{i=1}^{N}(m_{ij} - w_{ij}^2)}{(\sum_{i=1}^{N} w_{ij})^2} \qquad (7.67)$$

として、

7.4 ラッシュ・モデル

$$t'_j = \frac{3}{q_j} [(v'_j)^{\frac{1}{3}} - 1] + \frac{q_j}{3} \tag{7.68}$$

$$(j = 1, \ldots, n)$$

で与えられる。また、受験者に関しては mean square fit statistic が (7.65) に対応して、

$$\gamma'_i = \frac{\sum_{j=1}^{n} z_{ij}^2 w_{ij}}{\sum_{j=1}^{n} w_{ij}}$$

$$(i = 1, \ldots, N) \tag{7.69}$$

で与えられる。ただし、w_{ij} は z_j^2 に対応する重みで、一般に $P_j(\theta_i)\{1 - P_j(\theta_i)\}$ が用いられる。そして、standardized fit statistic が、(7.68) に対応して、

$$m_{ij} = w_{ij}(1 - 3w_{ij}) \tag{7.70}$$

$$q_i^2 = \frac{\sum_{j=1}^{n} (m_{ij} - w_{ij}^2)}{(\sum_{j=1}^{N} w_{ij})^2} \tag{7.71}$$

として、

$$t'_i = \frac{3}{q_i} [(v'_i)^{\frac{1}{3}} - 1] + \frac{q_i}{3}$$

$$(i = 1, \ldots, N) \tag{7.72}$$

で与えられる。

　実際の分析にあたっては、(7.65)(7.68)(7.69)(7.72) で表わされる 4 つの統計指標の値が計算機プログラムから出力される。

　表 7.4 には 10 項目テストに対する 20 名の受験者の正誤パタンが例示され、表 7.5 には項目の、表 7.6 には受験者の適合度 (Outfit statistic) が示されている。こ

れらの中で、項目6がmisfit、項目1および項目10がoverfitであり、受験者18がmisfit、受験者19がoverfitになっている。ただし、受験者13と20ではγ_iはoverfitを示すが、t_iは適合を示している。実際に問題になるのはmisfitの方で、overfitの項目や受験者は特に問題とはしない（静，2007）ので、ここでは項目6と受験者18が問題になる。項目6は、能力値が相対的に低い受験者5,6が正答しているのに対して、相対的に能力の高い受験者15,18が誤答しており、また、受験者9,10が正答であるのに対して受験者11,12,13が誤答であるなど、能力値の高低と正答・誤答に逆転が見られる。すなわち、項目6では受験者の能力の高低を十分に捉えきれていない様子がうかがえる。また、受験者18は能力値が高いにもかかわらず、中程度の困難度の項目6に誤答している点が指標に反映したものと考えられる。

【ロジット尺度】 （log odds units; logits）

ラッシュ・モデルで、ある項目 j に正答する確率と誤答する確率の対数オッズ

表7.4　ラッシュ・モデルにおけるシミュレーション・データ

受験者	項目1	項目2	項目3	項目4	項目5	項目6	項目7	項目8	項目9	項目10	能力値
1	1	1	0	0	0	0	0	0	0	0	−4.4
2	0	1	1	0	0	0	0	0	0	0	−3.4
3	1	1	0	1	0	0	0	0	0	0	−3.1
4	0	1	1	1	0	0	0	0	0	0	−2.4
5	1	1	0	1	0	1	0	0	0	0	−1.7
6	1	1	0	0	1	1	0	0	0	0	−1.4
7	1	0	1	1	1	0	0	0	0	0	−1.0
8	1	1	0	1	1	0	1	0	0	0	−0.7
9	1	1	0	1	0	1	0	1	0	0	−0.3
10	1	1	1	0	0	1	0	1	0	0	0.0
11	1	1	1	0	1	0	1	1	0	0	0.0
12	1	1	1	1	0	0	1	1	0	0	0.3
13	1	1	1	1	1	0	0	1	0	0	0.7
14	1	1	1	1	0	1	1	0	1	0	1.0
15	1	1	1	1	1	0	1	0	1	0	1.4
16	1	1	1	1	1	1	1	1	0	0	1.7
17	1	1	1	1	1	1	0	1	0	1	2.4
18	1	1	1	1	1	0	1	1	0	1	3.1
19	1	1	1	1	1	1	1	1	0	1	3.4
20	1	1	1	1	1	1	1	1	0	1	4.4
困難度	−3.4	−2.6	−1.7	−0.9	0	0	0.9	1.7	2.6	3.4	

7.4 ラッシュ・モデル

表 7.5 項目の適合度

項目	γ_j	t_j
1	0.38	−2.44
2	0.91	−0.28
3	1.02	0.06
4	1.25	0.73
5	1.12	0.35
6	2.16	2.97
7	0.79	−0.67
8	1.13	0.40
9	0.93	−0.22
10	0.21	−3.63

表 7.6 受験者の適合度

受験者	γ_i	t_i
1	0.94	−0.13
2	1.18	0.37
3	1.19	0.39
4	1.05	0.10
5	0.97	−0.05
6	1.04	0.09
7	0.98	−0.04
8	1.11	0.23
9	1.03	0.06
10	1.07	0.14
11	1.26	0.52
12	0.90	−0.21
13	0.67	−0.78
14	0.95	−0.12
15	0.91	−0.20
16	0.78	−0.49
17	0.40	−1.61
18	2.49	2.55
19	0.20	−2.58
20	0.70	−0.70

比と呼ばれるものを計算すると、

$$\ln \frac{P_j(\theta)}{1 - P_j(\theta)} = \ln \left(\frac{\frac{\exp(\theta^* - b_j^*)}{1 + \exp(\theta^* - b_j^*)}}{\frac{1}{1 + \exp(\theta^* - b_j^*)}} \right) = \ln(\exp(\theta^* - b_j^*)) = (\theta^* - b_j^*) \tag{7.73}$$

が得られる。すなわち、項目 j の対数オッズ比は能力尺度値 θ^* と項目 j の困難度 b_j^* との差で決まることが右辺から明らかになる。そして、θ^* および b_j^* を表わす尺度をロジット尺度と呼んでいる。ロジット (logit) とは log odds unit を縮めた表現である。

項目特性曲線を表わすには (7.58) 式の方がわかりやすいが、モデルに含まれているパラメタを明示的に表わすには (7.73) 式の方がわかりやすい。

7.5.2 拡張ラッシュ・モデル
部分得点モデル (partial credit model)

単純ラッシュ・モデルは項目得点が 0 点（誤答）か 1 点（正答）かの 2 値型得点の場合に用いられるが、実際のテストでは正答－誤答ではなく、完全な正答－部分的に正答－誤答などのように受験者の解答に部分点を与える場合がある。例えば、0 点（誤答）、1 点（部分的に正答）、2 点（完全な正答）などである。このような場合を扱えるようにラッシュ・モデルを拡張したものが「部分得点モデル（Partial Credit Model）」である。

潜在特性尺度値が θ の受験者が項目 j で 0 点、1 点、2 点をとる確率を、それぞれ、$P_{j0}(\theta), P_{j1}(\theta), P_{j2}(\theta)$ と表わす。さらに、0 点をとるか 1 点をとるかという状況に限定した時に 1 点をとる条件付き確率を $P_{j1}^*(\theta)$、1 点をとるか 2 点をとるかという状況に限定した時に 2 点をとる条件付き確率を $P_{j2}^*(\theta)$ とする。これらは、

$$P_{j1}^*(\theta) = \frac{P_{j1}(\theta)}{P_{j0}(\theta) + P_{j1}(\theta)} \tag{7.74}$$

$$P_{j2}^*(\theta) = \frac{P_{j2}(\theta)}{P_{j1}(\theta) + P_{j2}(\theta)} \tag{7.75}$$

という関係になる。ここで、$P_{j1}^*(\theta)$ および $P_{j2}^*(\theta)$ がラッシュ・モデルと同じ数式で表わせることを仮定する。すなわち、

$$P_{j1}^*(\theta) = \frac{\exp(\theta - b_{j1})}{1 + \exp(\theta - b_{j1})} \tag{7.76}$$

$$P_{j2}^*(\theta) = \frac{\exp(\theta - b_{j2})}{1 + \exp(\theta - b_{j2})} \tag{7.77}$$

となることを仮定する。
また、

$$P_{j0}(\theta) + P_{j1}(\theta) + P_{j2}(\theta) = 1 \tag{7.78}$$

であるから、結局 (7.74) 式および (7.75) 式から、

7.4 ラッシュ・モデル

$$P_{j0}(\theta) = \frac{1}{1 + \exp(\theta - b_{j1}) + \exp\{(\theta - b_{j1}) + (\theta - b_{j2})\}} \tag{7.79}$$

$$P_{j1}(\theta) = \frac{\exp(\theta - b_{j1})}{1 + \exp(\theta - b_{j1}) + \exp\{(\theta - b_{j1}) + (\theta - b_{j2})\}} \tag{7.80}$$

$$P_{j2}(\theta) = \frac{\exp\{(\theta - b_{j1}) + (\theta - b_{j2})\}}{1 + \exp(\theta - b_{j1}) + \exp\{(\theta - b_{j1}) + (\theta - b_{j2})\}} \tag{7.81}$$

が得られる。

一般に、0点から m_j 点の $m_j + 1$ 段階の得点で採点される場合には、

$$P_{jk}^*(\theta) = \frac{\exp(\theta - b_{jk})}{1 + \exp(\theta - b_{jk})} \tag{7.82}$$

$$P_{jk}(\theta) = \frac{\exp\{\sum_{s=0}^{k}(\theta - b_{js})\}}{\sum_{t=0}^{m_j}\exp\{\sum_{s=0}^{t}(\theta - b_{js})\}} \tag{7.83}$$

$$\sum_{s=0}^{0}(\theta - b_{j0}) \equiv 0 \tag{7.84}$$
$$(k = 0, 1, 2, \dots, m_j)$$

と表わされる。$m_j=2$ の場合には、(7.82)式は図7.10に示す曲線で表わされる。また $P_{jk}^*(\theta)$, $(k = 1, 2, \dots, m_j)$ を対数オッズ比で表わすと、

$$\ln\left\{\frac{P_{jk}^*(\theta)}{1 - P_{jk}^*(\theta)}\right\} = \ln\left\{\frac{\frac{\exp(\theta - b_{jk})}{1 + \exp(\theta - b_{jk})}}{1 - \frac{\exp(\theta - b_{jk})}{1 + \exp(\theta - b_{jk})}}\right\} = \ln\{\exp(\theta - b_{jk})\} = \theta - b_{jk} \tag{7.85}$$

となり、受験者の能力尺度値と項目 j の閾値パラメタ (threshold parameter) b_{jk}, $(k = 1, \dots, m_j)$ ($k-1$点をとるか k 点をとるかの閾値) がロジット尺度上の値で表わされることがわかる。

詳しくは、例えば Masters & Wright (1984) および Bond & Fox (2007) を参照されたい。

評定尺度モデル (Rating scale model)

外国語学習者の能力評価を実施する場合に、評定尺度を用いることがある。例えば、日本語能力を学習者が自己評価するのに、例えば、「あまりなじみのない会話でも話の要点が理解できる」という質問項目に対して、「1　できない　2　あ

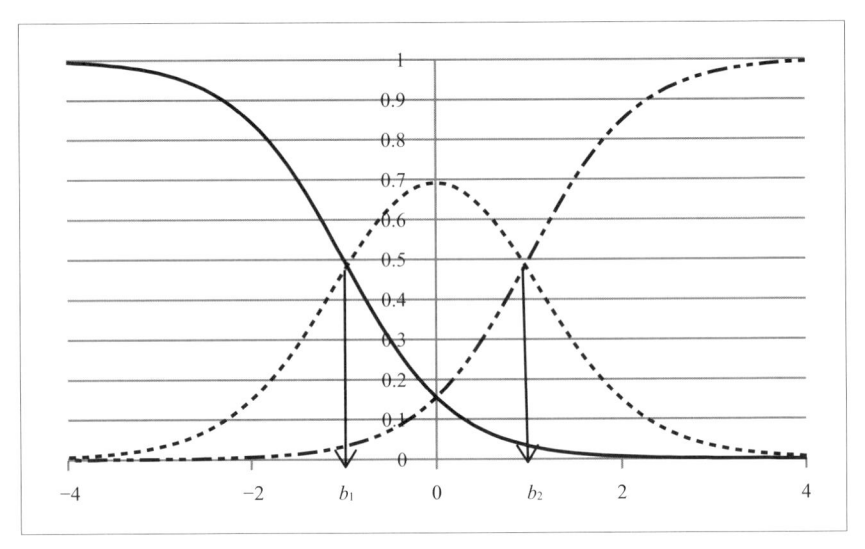

図7.10 部分得点モデルの IRCCC

まりできない　3　むずかしいがなんとかできる　4　できる」のいずれかを選んで回答するような場合である（この例は「日本語能力試験 Can-do 自己評価調査レポート最終報告」（国際交流基金）より引用）。このような場合、通常複数の異なる質問項目に対して、同一形式の評定尺度に回答することがほとんどである。

このような場合には、「1　できない　2　あまりできない　3　むずかしいがなんとかできる　4　できる」の回答に応じて順に、0,1,2,3 という得点を割り当てて、部分得点モデルを用いて分析することも可能であるが、評定尺度の 1,2,3,4 は等間隔と考え、さらに質問項目間ではその間隔が変わらず、項目で問っている内容の困難度のみが異なってくると考えることによって、分析モデルを簡潔にすることができる。このモデルを「評定尺度モデル」と呼ぶ。

評定尺度モデルでは、部分得点モデルの項目閾値パラメタを項目の困難度パラメタと評定尺度の評定値間の閾値パラメタに分解して表現する。すなわち、評定尺度が4段階の場合、部分得点モデルで分析する場合には、b_{j1}, b_{j2}, b_{j3} の3つのパラメタが項目毎に必要であったが、評定尺度モデルでは、

$$b_{j1} = b_j + t_1 \tag{7.86}$$
$$b_{j2} = b_j + t_2 \tag{7.87}$$
$$b_{j3} = b_j + t_3 \tag{7.88}$$

と表わされ、t_1, t_2, t_3 はすべての項目に共通になるため、m 段階から成る n 項目の場合に、部分得点モデルのパラメタ数が $n \times (m - 1)$ であるのに対して、評定尺度モデルでは $n + (m - 1)$ と少なくなる。具体的には20項目の4段階評定尺度から構成される質問調査の場合、部分得点モデルでは $20 \times (4 - 1) = 60$ であるのに対して、評定尺度モデルでは $20 + (4 - 1) = 23$ のパラメタ数になる。

詳しくは、例えばMasters & Wright（1984）およびBond & Fox（2007）を参照されたい。

7.6 項目応答理論と古典的テスト理論

最後に項目応答理論の特徴を古典的テスト理論と比較してまとめておく。

第1に、項目応答理論では個人の得点として正答項目数を用いるのではなく、潜在特性尺度上の値で表わす。これは当該受験者のテスト項目に対する正誤応答パタンから推定される。古典的テスト理論のテスト得点が厳密には順序尺度の水準にあるのに対して、項目応答理論の個人の潜在特性尺度値は間隔尺度の水準にあり、統計的分析を加えるのにより妥当性の高いデータが得られる。

第2に、項目応答理論では各項目の特性（難易度および識別力）が項目特性曲線のパラメタで表わされるため、古典的テスト理論の通過率および点双列相関係数のように指標の値を求める集団が異なった場合に異なる値が得られるようなことがなく、受験者集団によらず「項目パラメタの不変性」が成り立つ。

第3に、項目応答理論ではテストの測定精度をテスト情報量で表わし、これが潜在特性尺度値 θ の関数として与えられるため、異なる尺度値を持つ個人毎にそのテストによる測定の精度を評価することができる。古典的テスト理論の信頼性係数の場合は、テスト全体としての精度を表わすため、いわばそのテストの受験者に対する平均的な精度を示し、特定の個人についてそのテストで良い測定が実施されたかどうかを評価できなかった。

第4に、項目応答理論では、適応型テストのように解答する項目が受験者間で異なる場合でも、同一の潜在特性尺度上の値で測定結果を表示することが可能で

あるが、古典的テスト理論では、正答項目数を個人の得点として用いるため、異なる項目に解答した受験者間の測定結果を比較することが不可能である。

　第5に、項目応答理論では、テストを構成する項目の一部を新しいものと入れ替えても、潜在特性尺度値をもとに解釈規準が設定されるのでテストの標準化をやり直す必要がない。古典的テスト理論の場合には、項目を入れ替えると基本的には標準化の手続きをやり直す必要がある。標準化を実施するにはかなりの労力を要するため、このことがテスト項目の更新が円滑に進まない理由のひとつになるが、項目応答理論の場合はテスト項目の更新と標準化の手続きとが分離されているため、常に最新の項目を用いてテストを構成できる。

　以上のように、項目応答理論が実際のテスト開発場面で強力な道具を提供してくれるし、実用的にも優れた特徴を持つが、すべての試験で適用できるわけではない。受験者数の少ない試験やモデルの仮定が満たされない試験に適用することはできない。また、古典的テスト理論の枠組みで十分有用な情報が得られる場合もある。項目応答理論を適用していない試験が直ちに時代遅れの試験であるということではない。どんな新しい理論やモデルでも「活用する」ことが大切で、「濫用」に陥ってはむしろ試験の質を低くしてしまうということに注意が必要である。

第8章　尺度得点の等化と垂直尺度化

　言語テストを利用するに際して、2つ以上の複数のテストの測定結果について、相互に比較したり、つき合わせて検討する必要のあることがある。例えば、日本語学習者が日本語能力試験で同一レベルを2回連続して受験した結果を比較して、日本語能力に向上が見られたのか否かを知りたい場合、あるいは、ある大学が受験者の英語能力を把握するのにTOEFLまたはIELTSの公式結果を受験者に提出することを要求した場合に、後者ではTOEFLによる測定結果とIELTSによる測定結果を相互に比較する必要がある。すなわち、前者は問題項目が異なるが仕様や難易度の異ならないテスト間で測定結果を比較したい場合、後者は測定する構成概念は近いが同一とは言えず仕様も異なっているテスト間で測定結果を比較したい場合である。さらに、測定する構成概念やテストの仕様はほとんど異ならないが難易度が異なるテストによる測定結果を相互に比較して学習者の学習の進度や発達状況を把握したい場合もある。

　このような場合は一般に、あるテストから得られた得点と他のもうひとつのテストから得られた得点に対して何らかの変換を行って得点を比較可能にする操作が必要になる。このような操作のことを、テストの「リンキング (linking)」と言う。

　リンキングは、これまで言語テストの世界でよく知られていた「等化 (equating)」を含む包括的な概念であり、リンキングの対象となる複数のテストの条件によって下位分類される。下位分類には、Mislevy (1992)、Linn (1993)、North (2000)、Kolen & Brenan (2004)、Holland & Dorans (2006) などがあり、現在必ずしも一致した分類があるわけではない。

　ここでは、言語テストの実用水準から見て必要となる「等化」と「垂直尺度化 (vertical scaling)」について取り上げる。

8.1　得点の等化

　「等化」はリンキングの中でも最も条件が厳しく、等化する複数のテスト間で、

ⅰ) 同一の構成概念を測定する、
ⅱ) 同一の難易度水準にある、
ⅲ) 信頼性が等しい、
ⅳ) 受験者の母集団が等しい、
という条件を満たしている必要がある。

例えば、ケンブリッジ英語検定の KET（Key English Test）, PET（Preliminary English Test）, FCE（First Certificate in English）, CAE（Certificate in Advanced English）, CPE（Certificate of Proficiency in English）はそれぞれ年間複数回実施され、その結果は 0 から 100 の範囲の得点で表示されるが、どの時期に受験しても時期間で相互に比較可能な得点に変換されて表わされている。すなわち「等化」されている。また、日本語能力試験でも N1, N2, N3, N4, N5 の 5 レベルのテストが年 2 回実施され、その結果は、例えば N1 の場合は言語知識、読解、聴解の各得点区分毎に 0 点から 60 点の範囲で表示されるが、どの時期に受験しても相互に比較可能な等化された得点で表示される。

8.2 IRT 尺度の等化

テストの測定結果が IRT 尺度を用いて表わされる場合には、個別の版毎（時期毎）に構成された IRT 尺度を版間で共通（時期間で共通）の尺度に変換する必要がある。既に述べたように、IRT 尺度には「原点と単位の不定性」という性質があるため、各版（時期）毎に IRT 尺度は当該受験者集団で特性尺度値の平均が 0.0、標準偏差が 1.0 となるように原点と単位とが定められ、その上で個別の IRT 尺度を共通の尺度に変換する。

いま、2 つの IRT 尺度 θ と尺度 θ* が個別に構成されているとして、尺度 θ を尺度 θ* に変換するものとする。IRT モデルに 2 パラメタ・ロジスティック・モデルが用いられているとすると、項目パラメタ値は、
識別力について、

$$a^* = \frac{1}{k} a \tag{8.1}$$

困難度について、

$$b^* = kb + l \tag{8.2}$$

で変換される (ただし、$k > 0.0$)。

受験者の特性尺度値についても、

$$\theta^* = k\theta + l \tag{8.3}$$

で変換される。

変換しても項目の識別力、困難度、受験者の特性尺度の度合いに変化はなく、それを表現する目盛りの原点と単位とが変わるだけである。この状況は温度を表わす目盛りに摂氏 °C と華氏 °F とがあり、

$$°F = 1.8 \times °C + 32 \tag{8.4}$$

という関係で表わされる。例えば、風呂の適温とされる摂氏 42 °C が華氏で表わすと 107.6 °F になり数値が変換されるが風呂のお湯の熱さに変わりがないということを考えれば、明らかである (図 8.1)。

実際のテスト開発場面で問題になるのは、式中の係数 (これを等化係数という) k および l をどのような方法で推定するのかということである。

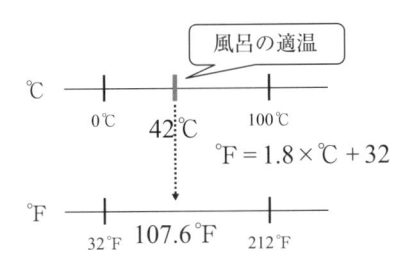

図 8.1　摂氏 °C から華氏 °F への変換

8.3　等化係数の推定

実際のテストで等化を実現するには、等化係数 k および l の値を推定する必要があるが、そのためには等化するテスト間に共通する情報が必要になる。この共

通な情報を得るためのデータ収集デザインには基本的には、「共通項目デザイン（common items design）」、「共通受験者デザイン（common subjects design）」、「アンカー・テストデザイン（anchor test design）」があり、実用水準のテストではそのテストの制限に応じてデザインが適宜工夫して変更される。

「共通項目デザイン」は図 8.2 に示したように等化するテスト A とテスト B の間に共通な項目を複数含めておいて、共通項目について両方のテストから得られた項目パラメタ推定値をテスト間に共通な情報として利用して等化するデザインである。「共通受験者デザイン」は図 8.3 に示したように等化するテスト A とテスト B の両方を複数の受験者が受験し、各受験者毎に両方のテストから得られた推定尺度値をテスト間に共通な情報として利用して等化するデザインである。

また、これらとは少し異なり、等化するテスト A とテスト B とは別に両テスト

図 8.3 共通受験者デザイン

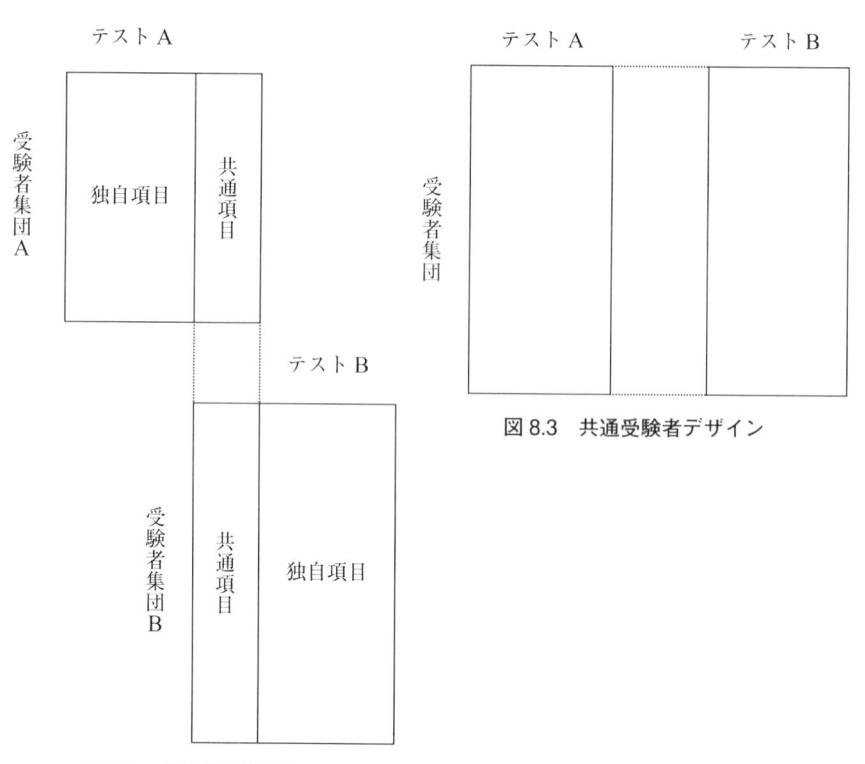

図 8.2 共通項目デザイン

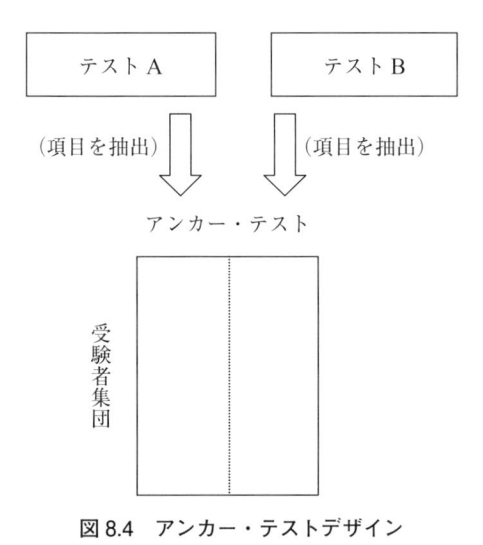

8.3 等化係数の推定

図 8.4 アンカー・テストデザイン

と測定内容や仕様が異ならないテストを別に構成して、それを両テストが測定対象とする受験者に実施する「アンカー・テストデザイン」がある。実際には等化するテストAおよびテストBから項目を抽出してアンカー・テストが構成されることが多い（図8.4）。この場合は、アンカー・テストの受験者はテストA相当の項目とテストB相当の項目の両方に解答することになり、その結果を共通情報（アンカー）として利用してテストAとテストBを等化する。

このようなデザインから得られたデータをもとに等化係数を推定するが、具体的な推定法には複数の方法が提案されている（例えば、芝 (1991)、渡辺・野口 (1999) などを参照）。ここでは最も理論的に単純で計算が容易な Marco (1977) による Mean & Sigma 法について紹介する。

共通項目デザインでは、テストAがIRT尺度 θ 上で、テストBがIRT尺度 θ^* 上で構成されているときに、両方のテストに共通に含まれる m 項目については項目困難度パラメタ (b_j, b_j^*) $(j=1, \cdots, m)$ が (8.2) 式の関係を満たし、したがって、これらの平均と分散とが、

$$m(b^*) = km(b) + l \tag{8.5}$$

$$s^2(b^*) = k^2 s^2(b) \tag{8.6}$$

となることを利用して、k および l に関する連立方程式を解くことにより、k および l が得られる。実際には困難度パラメタの真値 (b_j, b_j^*) $(j=1, \cdots, m)$ ではなく、これらの推定値 $(\hat{b}_j, \hat{b}_j^*)$ $(j=1, \cdots, m)$ が得られているのみであるため、(8.5) および (8.6) 式の b_j および b_j^* を $\hat{b}_j$ および $\hat{b}_j^*$ で置き換えて、

$$\hat{k} = \sqrt{s^2(\hat{b}^*)/s^2(\hat{b})} \tag{8.7}$$

$$\hat{l} = m(\hat{b}^*) - km(\hat{b}) \tag{8.8}$$

で等化係数の推定値 $\hat{k}$ および $\hat{l}$ を得る。ここで $m(\cdot)$ および $s^2(\cdot)$ は（ ）内の変数の平均値および分散を表わす。

共通受験者デザインでは、同じくテスト A が IRT 尺度 θ 上で、テスト B が IRT 尺度 θ^* 上で構成されているときに、両方のテストを受験した受験者 N 名の特性尺度値 (θ_i, θ_i^*) $(i=1, \cdots, N)$ が (8.3) 式の関係を満たす。したがって、これらの平均と標準偏差とが、

$$m(\theta^*) = km(\theta) + l \tag{8.9}$$

$$s^2(\theta^*) = k^2 s^2(\theta) \tag{8.10}$$

となることを利用して、k および l に関する連立方程式を解くことにより、k および l が得られる。実際には受験者の特性尺度値の真値 (θ_i, θ_i^*) $(i=1, \cdots, N)$ ではなく、これらの推定値 $(\hat{\theta}_i, \hat{\theta}_i^*)$ $(i=1, \cdots, N)$ を利用して、(8.9) および (8.10) 式の θ_i, θ_i^* を $\hat{\theta}_i, \hat{\theta}_i^*$ で置き換えて、

$$\hat{k} = \sqrt{s^2(\hat{\theta}^*)/s^2(\hat{\theta})} \tag{8.11}$$

$$\hat{l} = m(\hat{\theta}^*) - km(\hat{\theta}) \tag{8.12}$$

で等化係数の推定値 $\hat{k}$ および $\hat{l}$ を得る。ここで $m(\cdot)$ および $s^2(\cdot)$ は（ ）内の変数の平均値および分散を表わす。

アンカー・テストデザインについては、基本的には図 8.5 に示すようなデザインであるが、アンカー・テストのテスト Anc とテスト A を合わせてテスト A*、

8.3 等化係数の推定

テスト Anc とテスト B を合わせてテスト B* として分析すると、テスト A* とテスト B* とは共通項目デザインで等化でき（図 8.5）、また、テスト Anc、テスト A およびテスト B が独立して分析（項目パラメタ値が推定）されている場合には、テスト Anc とテスト A、テスト Anc とテスト B をそれぞれ共通受験者デザインで等化した上で、テスト Anc についてすべての項目が共通項目の共通項目デザインで等化することができる（図 8.6）。

それぞれのデザインには異なる特徴（長所と短所）があり、実際に用いるためには具体的な等化の条件について精査して適切なデザインを選ぶ必要がある。例えば、共通項目デザインでは等化する 2 つのテストに共通に含まれる項目の数や項目パラメタ推定値の分布や推定精度に配慮が必要で、困難度パラメタの分布に偏

図 8.5　アンカーテスト・デザインの分析（共通項目）

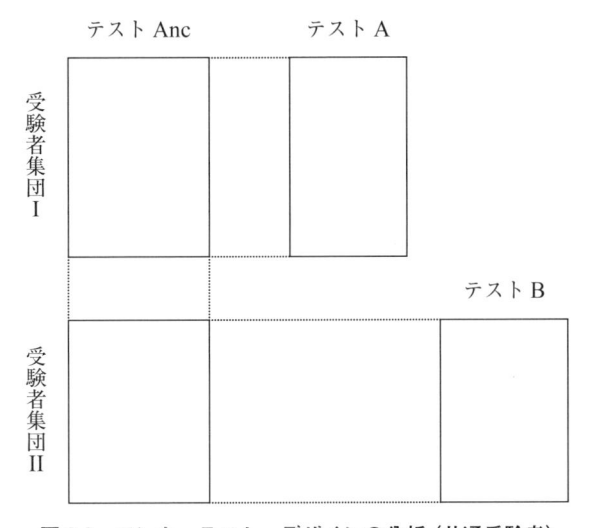

図 8.6　アンカーテスト・デザインの分析（共通受験者）

りがあったり、推定精度が特に悪い「はずれ値」に相当する項目があると適切な等化係数の推定値が得られないことがある。また、共通受験者デザインは、安定性が高いという理由から米国における全国学力調査の NAEP（National Assessment of Educational Progress）でも採用されており（村木, 2006）、共通受験者集団が等化するテストの測定対象とする集団全体を十分に反映していることが望まれる。例えば、能力の高い受験者集団を共通受験者として等化した場合には適切な等化係数の推定値が得られないことがある。さらに、アンカー・テストデザインの図 8.6 の場合には等化係数の推定を二度繰り返すことにより推定誤差が累積することに注意しなければならない。

8.4 尺度得点の垂直尺度化

「等化」に対して「垂直尺度化」は、「等化」よりも条件が緩く、等化する複数のテスト間で、

- ⅰ）類似した構成概念を測定する、
- ⅱ）異なる難易度水準にある、
- ⅲ）信頼性は近い水準にある、
- ⅳ）受験者の母集団は異なる、

という条件のもとで共通尺度化が実現される（Holland & Dorans, 2006）。主として長期間にわたる学習や発達による能力の変化を明らかにするための尺度を開発するために利用される。

例えば、児童・生徒の年齢に対応する平均身長の変化から身体的な発達的変化を見ることがあるが、これは年齢間に共通な身長を表わす尺度（cm）が存在するから可能である。これに対して日本語学習者の能力変化を長期的に追跡する場合には、例えば、初級前半、初級後半、中級前半、中級後半、上級前半、上級後半の各段階向けのテストの測定結果を利用することになる。この場合異なる 6 つのテストの結果が相互に比較できる共通尺度で表わされなければ発達的変化を捉えることができない。しかも各段階向けのテストの構成概念は大きく異なることはないが、全く同一というわけではなく、テスト課題（問題項目）の難易度は隣接段階間で重なりを持つにしても相互に段階的に異なっている。また、当然ではあるが各段階のテストを受験する学習者の母集団は相互に異なっている。したがって 6 つのテストに対して「等化」が実施できる条件は満たされていない。このよう

な場合に「垂直尺度化 (vertical scaling)」を実施して共通尺度を構成する。各段階のテストが高い信頼性を持つように配慮して開発されていれば信頼性係数は相互に近い値を示し、上記の 4 つの条件が満足される。

従来「垂直等化 (vertical equating)」という術語が用いられることが多かったが、最近は「等化」の概念を厳密に定義するとともに、その定義の条件を完全には満たすことができない点に配慮して「垂直尺度化」が用いられるようになっている。

垂直尺度化により複数の IRT 尺度に対して共通尺度を構成する際に用いられる方法は、基本的には 8.3 で述べた等化係数推定のためのデータ収集デザインと推定法が援用される。

8.5. 等化と垂直尺度化の実際例

ここでは実際に「等化」および「垂直尺度化」を実施した研究例について述べる。

等化を用いた例として、斉田 (2005) による茨城県高等学校英語学力テストで等化を実施して年度間の共通尺度を構成した研究がある。この研究は、毎年の新入生の英語学力が落ちてきていて、年を追って高等学校での指導が大変になってきているという英語科教員の実感に対して、客観的な測定を実施した場合に確かにその実感が裏づけられるかどうかを確認するために実施されたものである。

茨城県高等学校英語学力テストは茨城県高等学校教育研究会英語部が作成し、高校 1 年生を対象としたテスト A と高校 2、3 年生を対象としたテスト B がある。斉田 (2005) では、テスト A を取り上げて年度間共通尺度を構成している。テスト A は毎年 4 月当初に実施され、毎年およそ 2 万人弱が受験している。問題は、リスニング、語彙、文法、会話文完成、読解から構成され、4 枝選択形式の項目が 46 項目出題される。内容は学習指導要領、教科書の内容に合わせて作成されている (斉田, 2005 参照)。

斉田 (2005) では、1995 年度から 2005 年度までに実施されたテスト冊子で、隣接する 2 年度から問題項目を選択してひとつの冊子を構成して、これらを等化用のアンカー・テストとして用いている。既に年度毎に独立して IRT 尺度が構成され、項目パラメタ推定値が推定されているため、ひとつのアンカー・テストの受験者について 2 つの IRT 尺度上での推定尺度値が得られる。この情報を利用し

て隣接年度間の尺度を共通受験者デザインで等化することができる。

全部で11の年度毎のテストと10の等化用テストが用いられた。等化用テストの受験者は5524名で、その結果から11年度にわたる英語学力テスト受験者174975名の測定結果が単一の共通尺度上に等化して表わされた。

11年度にわたる英語学力テストの素点の平均値をプロットしたものが図8.7である。等化された共通尺度上の推定尺度値の平均値をプロットしたものが図8.8である。ここでは内容的な考察には踏み込まないが、素点の平均値の年度変化は多少波状ではあるがほぼ安定しているのに対して、推定尺度値の平均値の年度変化は低下傾向にあることが読み取れる。

垂直尺度化を用いた例として、野口・熊谷・大隅（2007）の日本語能力試験の級間での共通尺度を構成したものがある。この研究は日本語能力試験の改定にあたって、それまでに言われてきた、ⅰ）異なる級間で項目の識別力や困難度を比較することができない、ⅱ）異なる級を受験した学習者の得点を相互に比較することができない、ⅲ）3級試験と2級試験との間に大きなギャップがあり、3級合格から2級合格までに時間がかかる（主として欧米や豪州の学習者）、という問題に一定の根拠のある（evidence based）解答を出すために実施されたものである。特にⅲ）の問題は、改定後のJLPTで新しいレベルを入れるかどうか重要な決定に資する根拠になる。

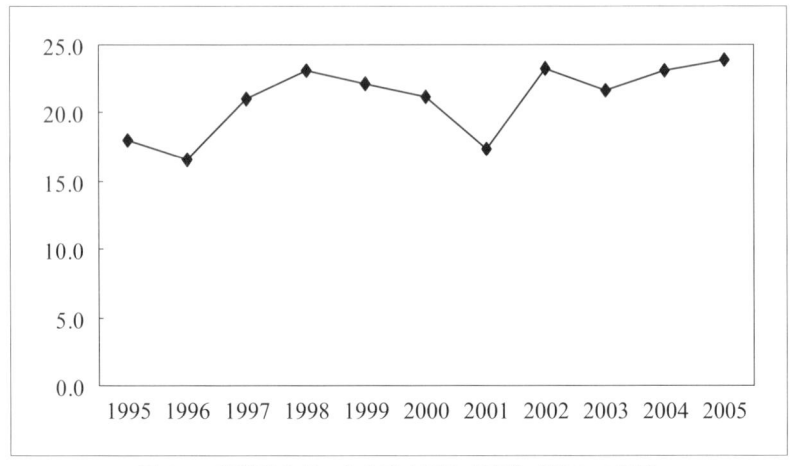

図8.7　英語学力テストの素点平均の変化（斉田, 2005）

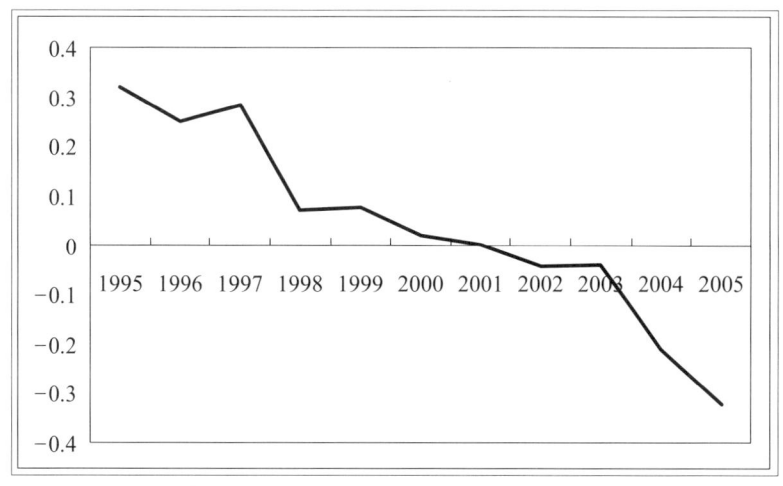

図 8.8 英語学力テストの推定尺度値平均の変化（斉田, 2005）

　野口・熊谷・大隅（2007）では共通尺度を構成し，各種の検討をするために，2001 年度に実施された日本語能力試験を用いた．最初に各級・各類毎に 2001 年度 JLPT 受験者データを用いて IRT（2-Parameter Logistic Model）尺度を構成した．4 つの級について，「文字・語彙」「聴解」「読解・文法」の 3 類あるので，全部で 12 の IRT 尺度が構成された．この段階では，尺度の原点と単位とが個別に設定されるため項目パラメタの値や受験者の特性尺度値は相互に比較することができない．

　次に，類別に 4 つの級の IRT 尺度を共通尺度化するが，その際にアンカー・テストデザインを用いている．アンカー・テストとして 3 つのモニター・テストを構成して利用するが，モニター・テストは 2001 年度日本語能力試験で実際に使われた項目を用いて構成された．すなわち，1 級および 2 級の項目から選択してモニター・テスト A を，2 級および 3 級の項目から選択してモニター・テスト B を，3 級および 4 級の項目から選択してモニター・テスト C を構成し，各モニター・テストが級間のアンカー・テストになっている（図 8.9）．モニター・テストの項目を選択する際しては，項目困難度が適度に散らばるように，項目の内容および形式がもとの日本語能力試験の仕様を反映するように配慮されている．このモニター・テストは，2005 年度日本語能力試験受験者の中から受験者を募集し，2006 年 3 月に日本国内で実施された（表 8.1）．

日本語能力試験

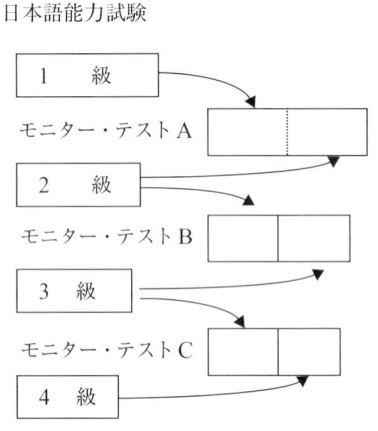

図 8.9　モニター・テストの構成

表 8.1　モニター受験者数

モニター試験	2005年度受験数	人数
A	1, 2 級	326 名
B	2, 3 級	380 名
C	3, 4 級	362 名

　共通尺度化するにあたっては、等化係数の推定法を援用し、具体的には共通受験者デザインにおける Mean and Sigma method (Marco, 1977) を適用して等化係数を求めている。

　各テストには隣接する2つの級の項目が含まれているため、モニター・テストを級別の2つの部分に分けて別のテストとして扱うことによって、共通受験者デザインにおける等化係数推定法が適用可能になる。

　最後に、これらの隣接級を共通尺度化するための（等化）係数の推定値を用いて2001年度のすべての項目を類（section）毎に共通尺度上に位置づけている。共通尺度の原点と単位は2級の原点と単位に合わせられた。その結果、

1) JLPTでは異なる級の間で項目の困難度が重なりを持っていること、
2) 級別の合否分割点の距離は共通尺度上でほぼ等間隔であること、
3) いわゆる「2-3級のギャップ」に関しては、共通尺度上における合否分割点の距離が反映したものではなく、非漢字圏学習者の類別尺度得点分布に

おける 3 級平均値と 2 級平均値との差が「文字・語彙」「読解・文法」で漢字圏学習者に比べて相対的に小さく、3 級水準から 2 級水準へ学習が進行する速度が漢字圏学習者に比べて緩やかである可能性が反映したものであること、

が明らかにされた。

これらの結果を踏まえて、非漢字圏の言語を母語とする日本語学習者が日本語に対する学習意欲を失わないで、学習を続けられるように改定後の JLPT では新しいレベルが加えられた。

8.6. その他のリンキング

ここまでは、リンキングの中で「等化」と「垂直尺度化」について取り上げてきた。例えば、TOEFL-PBT の結果と TOEFL-iBT の結果を比較したい場合には、テストの測定目的は同一であり、構成概念は類似し、受験者の英語能力の水準も同じであるが、仕様が異なるため、「等化」「垂直尺度化」いずれの条件にもあてはまらない。また、欧州域内の言語テスト開発機関の連合体である ALTE (The Association of Language Testers in Europe) では欧州域内で各加盟機関が実施している外国語能力試験による認定結果を相互に比較可能にするために ALTE Breakthrough から ALTE level 5 まで、6 段階の能力水準に各言語のテストを位置づけた ALTE framework を公表している。これは測定する構成概念、仕様、実施方法などが異なるテストの測定結果を得点ではなく、共通の能力水準に位置づけている。

このように、テストのリンキングは異なるテスト間で測定結果を相互に比較可能にする得点変換操作のことを表わす包括的な概念である。リンキングの下位分類が現段階では一定していないことを本章の冒頭で述べたが、最後に下位分類の一例を Holland & Dorans (2006) に従って紹介しておく。これによると、リンキングは大きくは、

ⅰ) テスト X からテスト Y の結果を予測する「最適予測 (predicting)」、

ⅱ) テスト X とテスト Y の間で何らかの意味で比較可能な得点に調整する「尺度調整 (scale aligning)」、

ⅲ) テスト X とテスト Y とで交換可能な (exchangeable) 得点を表わす「等化 (equating)」、

の3つに分けられ、さらに下位分類が設定されている。最適予測の場合には2つのテスト間で一方から他方を予測するという方向性を持っているが、尺度調整と等化ではテスト間で方向性を持たない。

　最適予測 (Predicting) は、例えば、ある大学で留学生のクラス分けをするのにプレイスメント・テストを実施しているが、同時に自己評価による Can-do statements も実施しているとする。

　ある程度の人数の結果がデータとして蓄積されたならば、Can-do statements の結果からプレイスメント・テストの結果を統計的に予測、すなわち prediction することが可能になる。

　このような状況では、プレイスメント・テストを実施する時期に来日が間に合わない留学生に対して渡日前に Can-do statements を送付して回答を返送してもらい、その結果からプレイスメント・テストの結果を予測して、クラス配置を決める、というような場合に利用できる。

　尺度調整 (scale aligning) は2つのテスト間で測定する構成概念が異なるか、類似した構成概念を測定するがテストの仕様が異なっている、というような場合に用いられるが、さらに、

ⅰ) battery scaling (2つのテストが異なる構成概念を測定するが、受験者母集団は共通)、

ⅱ) anchor scaling (2つのテストが異なる構成概念を測定し、受験者母集団も異なる)、

ⅲ) vertical scaling (テスト間で類似した構成概念を測定するが、難易度水準が異なり、受験者母集団も異なる)、

ⅳ) calibration (テスト間で同一の構成概念を測定し、受験者母集団も同一であるが各テストの信頼性が異なる)、

ⅴ) concordance (2つのテストが類似の構成概念を測定するし、受験者母集団も同一であるが、テストの仕様が異なっている)、

に下位分類される。

　言語テストでは、既に述べた「垂直尺度化」と「対応づけ (concordance)」が問題になることが多い。「対応づけ」は例えば、TOEFL の場合に日本では現在すべて TOEFL-iBT が実施され、国によっては TOEFL-PBT が実施されており、大学のアドミッション担当部署では志願者から TOEFL-iBT の得点、または TOEFL-PBT の得点を受け取ることになる。このような場合には両者の得点を比較するこ

とが必要となり、そのためには両者の得点が比較可能なように「対応づけ」られていることが条件になる。実際のTOEFLにおける「対応づけ」はETSから公式にTOEFL Internet-based Test Score Comparison Tablesとして公表されている。TOEFLを利用する各機関はこれによって応募者がTOEFL-iBTを受験していても、TOEFL-PBTを受験していても、TOEFL Scoreとして扱うことができる。

　等化（equating）は既に述べたように2つのテストが同一の構成概念を測定し、同一の仕様および精度を持ち、同一の受験者母集団を測定するような場合に用いられる。

第 9 章　特異項目機能の検出

9.1　特異項目機能とは

　大規模に実施される言語テストの場合には受験者数も膨大な数にのぼり（第 1 章を参照）、受験者の国・地域、母語、学習機関、カリキュラムなどが異なる受験者が含まれている。テストはこれらがすべての受験者に対して公平な測定になっていることが必要である。テストが公平な測定になるためには、各項目が受験者の属性にかかわらず公平な測定結果を示す必要がある。

　このことは言語テストに限らず、すべてのテストが共通して備えていなければならない条件であり、とりわけテストによる測定結果が受験者個人の処遇に大きく影響する High stakes test の場合には問題になる。例えば米国内で実施される各種の選抜に用いられる試験では、性別や人種などが問題にされる。

　また、テストのみならず国際的な調査を実施し、結果を比較するような場合には、問題や質問項目の言語的な等価性はもちろんのこととして、項目内容の意味するところが国・地域や文化によって等しくなければ、調査結果を相互に比較する意味がない。言語テストに関連して、最近は Can-do statements による自己評価や教師評価が行われることが多くなっている。その場合、各 statement は回答者が学習している言語で記述されるのが普通であるが、初級の学習者に実施する場合には学習者の母語が合わせて表示されることが多い。その場合に学習者が母語の statement を読んで回答するが、まず言語的な等価性が成り立っていなければならず、次に回答者の学習している言語の能力水準以外の違い、例えば、学習カリキュラムの特徴、国・地域の文化的特徴などの違いが回答に大きな影響を与えることは望ましくない。

　テスト理論では、項目の困難度や意味内容が測定対象となる集団によって異なる場合に、その項目に特異項目機能（Differential Item Functioning: DIF）が生じている、と言う。ここで注意しなければならないのは、例えばある学力テストの項目について、異なる集団間で通過率が異なる場合に、そのことからただちに「特異項目機能が生じたと判断してはならない」ということである。集団間に学力の

差異が本当にある場合には、学力の高い集団の方が学力の低い集団よりも通過率が高くなるのは当然のことであり、特異項目機能が生じたわけではない。学力が同一水準にある集団間で比較して通過率に差がある場合に「特異項目機能が生じた」と言える。

項目応答理論に即せば、テスト項目の項目特性曲線が受験者の下位集団間で異なるということに相当し、「項目パラメタの不変性が特定の下位集団で成立していない」場合に、当該項目で特異項目機能が生じていると言う。すなわち、特性尺度値が同一の値でも受験者の属する下位集団が異なると正答確率が異なる場合に特異項目機能が生じる。このことは、下位集団の違いを合理的に説明する次元が想定できるならば、項目応答理論の1次元性の仮定が成立していない場合に相当するとも言える。

9.2 特異項目機能検出の方法

DIFを検出する統計的方法には、DIFの程度を表わす指標を用いる方法とDIFの有無を統計的検定により判断する方法とがある。後者には、大きく分けて、ⅰ）特に測定モデルを仮定することなく、正答数（正応答数）と項目に対する応答とを用いてDIF検出のための統計量を計算する「ノン・パラメトリック法」と、ⅱ）IRTモデルを適用してDIF検出のための統計量を計算する「パラメトリック法」の2種類がある。ここでは、ノン・パラメトリック法として「Mantel-Haenszel法」を、パラメトリック法としてThissen, Steinberg, & Wainer (1993) の「尤度比検定法」を取り上げる。項目応答モデルを適用してDIFの検出を実施する場合には、当該テスト（質問紙）に対して予め項目応答モデルによる分析が実施されている必要がある。これに対して、Mantel-Haenszel統計量を用いる場合は、集団×項目に対する正誤×得点段階 ($2 \times 2 \times K$) の分割表が用意されればDIF検出の分析に入ることができる。

これらの他にもShealy & Stout (1993) によるSIBTESTなど多くの方法が提案されているが、各指標および各検定法ごとに異なる特徴がある。そのため、実際のテスト項目や質問紙調査項目についてDIFの検討を行う場合には、複数の指標および検定法を併用することが望ましい（渡辺・野口, 1999）。

9.2.1 Mantel-Haenszel 法

Mantel-Haenszel 法（以下 M-H 法と約す：Dorans & Holland (1993)）は、受験者集団を能力水準に基づいて低いほうから高い方に K 段階のグループに分割して、各段階毎に下位集団（焦点集団－参照集団）×応答（正答－誤答、あるいは、はい－いいえ）の 2×2 の分割表を作成し、これら K 個の分割表が全体として同じ傾向を示すか否かを M-H 統計量を用いて検定する。ここで、焦点集団とは DIF の影響の存在を特に注目したい下位集団を、参照集団とは基準とする下位集団のことである。そして、検定結果が有意な場合に当該項目に DIF が生じていると判断する。すなわち、K 段階のグループごとに下位集団×正答－誤答の 2×2 クロス表を作成して下位集団間での正答率の違いを K 段階全体でまとめて評価する方法である。

いま第 k 段階の 2×2 クロス表の度数について表 9.1 のような表記を用いるとして、K 個の段階に共通のオッズ比の推定値 α_{MH} を、以下のように (9.1) 式により算出する。

$$\alpha_{MH} = \frac{\sum_{k=1}^{K} \frac{N_{R1k} N_{F0k}}{N_{..k}}}{\sum_{k=1}^{K} \frac{N_{F1k} N_{R0k}}{N_{..k}}} \tag{9.1}$$

表 9.1　第 k 段階におけるクロス集計表

	正答 (1)	誤答 (0)	合計
下位集団 1 (F)	N_{F1k}	N_{F0k}	$N_{F \cdot k}$
下位集団 2 (R)	N_{R1k}	N_{R0k}	$N_{R \cdot k}$
全体	$N_{\cdot 1k}$	$N_{\cdot 0k}$	$N_{\cdot \cdot k}$

注：F は focal group（焦点集団）を R は reference group（参照集団）を表わしている。

基本的には、この α_{MH} に関する統計的推測を行うが、テスト理論の文脈では歴史的な経緯に合わせて (9.2) 式のようにスケール調整を行った統計量 Δ_{MH} を求め (Holland & Thayer, 1988)、その値の評価と別途定義する統計量に関する検定結果とを合わせて DIF の有無が判定される。ここで、

$$\Delta_{\mathrm{MH}} = -2.35 \ln \alpha_{\mathrm{MH}} \tag{9.2}$$

であり、Δ_{MH} が正であれば下位集団 1（焦点集団）に対して有利、負であれば下位集団 2（参照集団）に対して有利な項目と判定される。

また、α_{MH} に関する検定は、

$$\mathrm{MH}\text{-}\chi^2 = \frac{\{|\sum_{k=1}^{K} N_{R1k} - \sum_{k=1}^{K} E(N_{R1k})| - 1/2\}^2}{\sum_{k=1}^{K} \mathrm{Var}(N_{R1k})} \tag{9.3}$$

$$\text{ここで、} E(N_{R1k}) = \frac{N_{R \cdot k} N_{\cdot 1 k}}{N_{\cdot \cdot k}}, \ \mathrm{Var}(N_{R1k}) = \frac{N_{F \cdot k} N_{R \cdot k} N_{\cdot 1 k} N_{\cdot 0 k}}{N_{\cdot \cdot k}^2 (N_{\cdot \cdot k} - 1)} \tag{9.4}$$

が自由度 1 の χ^2 分布することを利用して行われる。

ETS 基準

ETS ではこの約 25 年間にわたり DIF に関する統計的分析の結果を、項目毎に DIF の程度に応じて、A（無視できる DIF）、B（中程度の DIF）、C（大きな DIF）の 3 段階のラベルをつけて分類してきた。この間に小さな修正が行われているが、大きな枠組みとしては変化がない (Zwick, 2012)。

具体的な基準は、

1) (9.3) 式の MH-χ^2 による検定の結果が 5% 水準で有意ではないか、または、Δ_{MH} の絶対値が 1.0 よりも小さいか、いずれか一方の基準を満たす項目は A（無視できる DIF）とする。
2) Δ_{MH} の検定統計量（$(|\Delta_{\mathrm{MH}}| - 1)/ \mathrm{SE}(\Delta_{\mathrm{MH}})$）が 5% 水準で有意（検定統計量の値が 1.645 より大きい）であり、かつ、Δ_{MH} の絶対値が 1.5 以上である項目は C（大きな DIF）とする。ここで、$\mathrm{SE}(\Delta_{\mathrm{MH}})$ は Δ_{MH} の標準誤差を表わす。
3) A および C の基準に当てはまらない項目は B（中程度の DIF）と判断する。
4) B および C に関しては、焦点集団にとって有利な場合に B+、C+ と、参照集団にとって有利な場合に B−、C− と表わすことがある。

というものである。まとめると、表9.2に示す基準でテスト項目のDIFを検討している。

実際のデータを分析するには、例えばSPSSの記述統計の中のクロス集計が利用できる。ただし、その場合には直接1)および2)の結果が得られるのではなく、ⅰ) MH-χ^2による検定の結果、および、ⅱ) α_{MH}、$\ln\alpha_{MH}$、$\ln\alpha_{MH}$の標準誤差、が出力されるので、(9.2)式によりΔ_{MH}を算出し、SE(Δ_{MH})は$\ln\alpha_{MH}$の標準誤差を2.35倍することにより得られる。これらを利用して上記の1)および2)を計算する必要がある。

表9.2 ETSにおけるDIF判定基準

		検定の結果		
		Ⅰ	Ⅱ	Ⅲ
|ΔMH|	1.0未満	A	A	A
	1.0以上1.5未満	A	B	B
	1.5以上	A	B	C

Ⅰ MH-χ^2による検定の結果が5%水準で有意ではない
Ⅱ MH-χ^2による検定の結果が5%水準で有意
Ⅲ 検定統計量 (\|ΔMH\|-1)/SE(ΔMH)が5%水準で有意

9.2.2 Thissenほか (1993) の尤度比検定法

DIFの存在を検討したい項目について、「下位集団間で項目パラメタ値は等しい」というモデルと「下位集団間で項目パラメタ値は異なる」というモデルとを比較する検定統計量を構成し、実際に得られたデータから「下位集団間で項目パラメタ値は等しい」という検定仮説が棄却された時に当該項目でDIFが生じていると判断する (Thissen, Steinberg, & Wainer, 1993)。

すなわち、

　　　検定仮説　H_0：下位集団間で項目パラメタ値は等しい（モデルE）
　　　対立仮説　H_1：下位集団間で項目パラメタ値は異なる（モデルD）

を比較する尤度比統計量を構成して、統計的仮説検定を行う方法である。

いま、n項目から構成されるテストに対する、N名の受験者集団が下位集団A (N_A名) と下位集団B (N_B名) から構成され、項目kについてDIFの検討を実施するという状況を想定したとして、以下の手順で検定を行う。すなわち、

ⅰ) モデルEの下で、項目応答行列 ($N \times n$) をデータとして項目パラメタ値を推定し、得られた項目パラメタ推定値の尤度をL（モデルE）とする。

ⅱ) モデルDの下で項目パラメタ値を推定する。この時、項目 k 以外の項目に対する応答は、そのまま全受験者のものを利用するが、項目 k に対する応答については、仮想項目 k_1 と仮想項目 k_2 とに分割する。例えば項目 k_1 では下位集団Aは解答しているが、下位集団Bには呈示されなかった(not presented)ものとする。項目 k_2 では逆に下位集団Bは解答しているが、下位集団Aには呈示されなかったものとして扱う。したがって、項目応答行列は項目数がひとつ増えるため、$N×(n+1)$ になる(図9.1)。これをデータとして項目パラメタ値を推定し、得られた項目パラメタ推定値の尤度を L(モデルD)とする。

この時、実際には単一の項目 k に対して、項目 k_1 と k_2 の2組のパラメタ推定値が得られる(k_1 は下位集団Aから、k_2 は下位集団Bから)ことになるが、項目 k にDIFがなければこれら2組の項目パラメタ推定値は推定誤差の範囲で一致するはずである。

ⅲ) 検定には次の G^2 統計量を用いる。すなわち、
$$G^2 = -2\ln\{L(モデルE)/L(モデルD)\}$$
$$= -2\ln L(モデルE)+2\ln L(モデルD)。$$
が漸近的に自由度 m の χ^2 分布することを利用して仮説検定を行う。ただし、自由度 m はモデルDとモデルEとの項目パラメタ数の差で、2パラメタ・ロジスティック・モデルの場合は自由度は2になる。$-2\ln L$(モデルE)および $-2\ln L$(モデルD)は、項目パラメタ推定用のコンピュータ・プログラムの多くで逐次近似計算が収束した時点でその値が出力されるものを用いればよい。

この方法は、
1) DIFを検討する項目毎に計算を繰り返す必要があり、膨大な計算量になることがある、安定した結果が得られるためには、いずれの下位集団についてもある程度の数の受験者が必要である。
2) 統計的な有意性が過敏になりすぎる傾向にある。
3) 精度の良い項目パラメタ推定値を得るためには、受験者数が多くなければならないが、このことは自由度は変らないまま標本数が増加することになり、統計的検定では検定仮説を敏感に棄却することにつながるため実際的に有意味な差を検出しているか否かは別に判断する必要がある。

などに注意が必要である。

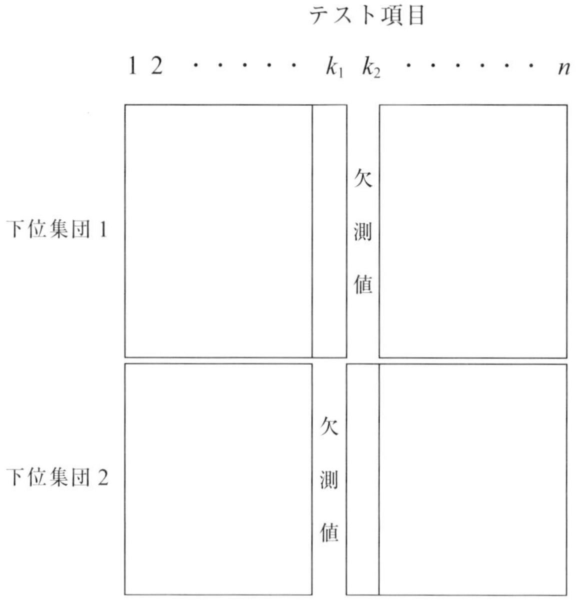

テスト項目

```
1 2 ・・・・・ k₁ k₂ ・・・・・ n
```

下位集団1　｜欠測値｜

下位集団2　｜欠測値｜

項目 k_1 と k_2 とは実際には同一の項目 k であるが、
DIF を検討するために、項目 k_1, k_2 と分割して分析する。

図 9.1　尤度比検定に用いるデータ

【参考】尤度比検定
一般に、
　　　検定仮説　$H_0 : \theta = \theta_0$
　　　対立仮説　$H_1 : \theta \neq \theta_0$
のとき、尤度比 λ は、
　　　$\lambda = L(標本データ | \theta_0) / \max L(標本データ | \theta)$
　　　　$=$ 検定仮説の下での最大尤度 / 母数に条件をつけない場合の最大尤度
で定義される。分母の max は θ の存在し得る全範囲での最大値を表わす。
　この λ は、
　　　$0 \leq \lambda \leq 1$
の範囲をとるが、直感的には、λ が 0 に近い時は観測データが「検定仮説は正しくない」ということを示していると解釈できる。

　大標本では、
　　　$-2 \ln \lambda \sim \chi^2(1)$
すなわち、$-2 \times$ 尤度比の自然対数 が漸近的に自由度 1 の χ^2 分布に従うことが導かれる。このことを利用した統計的仮説検定が「尤度比検定」と呼ばれる。

9.2.3 下位集団が3つ以上で多値型項目に関する DIF 検出法

9.2.1 および 9.2.2 で取り上げた Mantel-Haenszel 法および尤度比検定法は、いずれも DIF を検討する下位集団が2つで、しかも、2値型得点項目の場合に限定されていた。これに対して現実のテスト開発場面などでは、下位集団が3つ以上の場合や、項目得点が部分得点を含む多値で表わされたり、質問紙調査でよく用いられる Likert（ライカート）タイプの評定尺度項目の場合にも DIF 検出を実施する必要性が起こる。

このような場合には、例えば、熊谷（2012）の「EasyDIF」が利用できる。この方法を下位集団が3つでテストが2値型項目から構成されている場合を例に説明する。

まず、Thissenn ほか（1993）の尤度比検定で作成した図 9.1 のようなデータ行列を用意する。ただし、図 9.1 では下位集団が2つであったために、項目 k を k_1 と k_2 の2項目に分けていたが、Easy DIF では下位集団が3つの場合には、項目 k を k_1, k_2 と k_3 の3つの仮想項目に分けて、下位集団1が項目 k_1 に、下位集団2が項目 k_2 に、そして、下位集団3が項目 k_3 にそれぞれ解答し、他の仮想項目は提示されなかったものとする。

次に、仮想項目 k_1 k_2 および k_3 を含む項目応答行列（N 名 $\times (n-1)+3$）から項目パラメタを周辺最尤推定する。

その結果得られた、仮想項目 k_1, k_2 および k_3 の各項目パラメタ推定値による3本の項目特性曲線を比較して、項目 k の DIF について検討する。具体的には、3本の項目特性曲線について、特性尺度値 θ を変化させて、各 θ で最も正答確率の高い場合と最も低い場合との差を全体集団の θ の分布で重みづけて和をとる（正確には積分する）。その値を Index K と呼び、シミュレーションによる検討の結果、MH 統計量の $|\Delta_{\mathrm{MH}}| \geq 1.5$ に対応させるように、$K \geq 0.1$ の場合に検討を要する項目としている。解答カテゴリが3つ以上の場合は、（カテゴリ数 -1）$\times 0.1$ が基準となる（熊谷, 2012）。

実際の計算にあたっては、EasyEstimation シリーズの EasyDIF として http://irtanalysis.main.jp に公開されていてフリーソフトとして利用できる。

9.3 特異項目機能の研究例

9.3.1 海外の研究

母語グループによる違いの研究

　母語グループについての分析では、MH法を用いたRyan & Bachman (1992) がある。TOEFLとCambridge ESOLのFirst Certificate in English (FCE) のテスト項目を使用し、ブラジル・フランス・スペイン・スイスでテストを受けたインド・ヨーロッパ言語グループ母語話者792名と、エジプト・香港・日本・タイでテストを受けた非インド・ヨーロッパ言語グループ母語話者632名、総数1426名の受験者を対象としている。項目は186あり、TOEFLの、Listening Comprehensionセクション50項目、Structure and Written Expressionセクション14項目と24項目、Vocabulary and Reading Comprehensionセクション29項目と29項目、そしてFCEのPaper1から、Vocabulary 25項目、Reading 15項目である。分析結果はETSの基準に基づき、A〜C（A：DIFが認められないか、または小さいDIF、B：中程度のDIF、C：大きいDIF）に分類され、186項目中で大きいDIFに分類された項目は50項目で全体の27%であった。TOEFL、FCEともにVocabularyのセクションに他のセクションより多くの大きいDIF項目が見出されている。Ryan & Bachman (1992) は、第二言語習得の見地からL1の影響がDIF項目の出現にみられるのは自然であるとしながらも、同時にテストの対策や準備の程度、TOEFLのReadingセクションでのアメリカ文化への親密さの程度の影響についても示唆している。

アカデミック・バックグラウンドの違いの研究

　専門の違いについてのDIF分析では、Pae (2004) がアカデミック・バックグラウンド（文系・理系）によるDIF分析を行っている。韓国の大学入学のための英語テスト（55項目）で、14,000名（文系7,000名、理系7,000名）の受験者を対象に、IRTの3パラメータ・ロジスティック・モデルでの尤度比検定とMH法で分析を行い、55項目中18項目にDIFが確認されたが、影響の大きさの幅を考慮すると、実際の影響は軽度であると述べている。予備的内容分析の結果は、科学に関する項目は理系の学生にとってやさしく、人間関係に関する項目は文系の学生にやさしい傾向があることを示唆しているが、すべての項目において言えるわけではなく、一般化には限度があるとも述べている。

9.3.2 日本語に関する研究
日本語試験に関する研究

　日本語の試験に関する DIF 研究には、例えば井上・孫・野口・酒井 (2007) がある。留学生向けの日本語プレイスメント・テストデータの中から文字語彙尺度を取り出して、受験者の第 1 言語の違いに注目して DIF 分析を実施している。具体的には、「漢字の読み」「同じ読みの漢字語」「漢字の表記」「文脈に合う語」「活用」各 8 項目から構成される文字語彙尺度 40 項目を取り上げて、第 1 言語が中国語であるグループ 188 名、それ以外のグループ 387 名を下位集団として分析している (全体では 575 名)。DIF 検出には Mantel-Haentzel 法を用いているが、その結果、「漢字表記」セクション 8 項目中の 6 項目で、中国語母語グループに有利な DIF が検出されている。そして、「漢字表記」セクションの得点には、尺度全体で測ろうとしている「日本語文字語彙能力」とは別の、中国語グループが正答しやすくなるような能力成分が作用していると考えられる、としている。

　また、40 点満点の「日本語文字語彙能力」を 10 層に分け、各層における「漢字表記」得点の分布が、中国語母語グループとそれ以外のグループとで異なる様相を検討した結果、「日本語文字語彙能力」得点が中程度から低い層において、中国語グループの成績が良いことを明らかにしている。

日本語 Can-do-statements に関する研究

　日本語能力試験の妥当性を検証するための外在基準のひとつとして、「日本語 Can-do-statements」が開発されている。これは日本語による言語行動を記述した項目に対して、回答者がどの程度できるかを自己評価するもので、「読む」「書く」「聞く」「話す」の各技能 15 項目ずつ全部で 60 項目 (statements) から構成されている (三枝, 2004; 島田・三枝・野口, 2006)。

　日本語 Can-do-statements についても、回答者の母語の違いが特異的に影響する項目が存在する可能性がある。すなわち、特定の質問項目において、自己評価による日本語能力の水準が等しい回答者でも、ある特定の母語グループに属する回答者で「できる」と回答しやすいなど他の母語グループの回答者とは異なる回答傾向を示すことがあり得る、というのである。

　野口・熊谷・脇田・和田 (2007) では、回答カテゴリを 2 値化した上で、60 項目の一次元性を確認し、2 パラメタ・ロジスティック・モデルを適用して IRT 尺度を構成した上で DIF 分析を実施している。すなわち、全回答者の中から、中国

語母語話者集団 (269 名) と韓国語母語話者集団 (383 名) に対して Mantel-Haenszel 法、Thissen 他の尤度比検定法はじめ 5 つの方法で DIF 分析を行った。

その結果、5 つの方法はほぼ一致した結果を示し、「図書館の本棚にある本の背表紙を見て、必要な本をさがすことができますか」「勉強に必要な本や論文を読んでわかりますか」「日本語で履歴書がかけますか」「封筒やはがきの住所が正しい書き方でかけますか」「ワープロ・コンピュータを利用して日本語で文を書くことができますか」の 5 項目で中国語母語グループに有利な DIF が、「日本語で日記が書けますか」「サークルやイベントのちらしやパンフレットを作ることができますか」「相手のいいたいことがわからないとき、聞き返すことができますか」「テレビのドラマがわかりますか」「授業・講演などを聞いて、全体の流れがわかりますか」の 5 項目で韓国語母語グループに有利な DIF を検出している。

第 10 章　パフォーマンス測定に関する分析

　最近の言語テストでは、外国語の学習者が獲得した言語知識を問うのではなく、実際にその言語を使って他者とコミュニケーションができる程度、いわば「使える」程度を測定することが大切とされている。具体的には、実際に会話をしたり、作文を書かせたりして、その結果を評価するパフォーマンス測定の役割が大きくなってきている。このような場合には、測定の信頼性を評価する際に「評価者」に関する信頼性をどのように取り扱うかということが重要な問題となってくる。

　この章では、「評価者」の信頼性をどのように扱うかについて最初に解説し、次に、「評価者」に関する信頼性を表わす指標を述べる。さらに、項目応答モデル（ラッシュ・モデル）を問題×受験者×評価者という 3 次元データに拡張し、「項目の困難度」「受験者の能力」に加えて、「評価者の厳しさ」を扱えるようにした、多相ラッシュ・モデルについて簡単に解説する。

10.1　パフォーマンス測定の特徴

　近年、教育に関する測定・評価の領域ではパフォーマンスを測定するということが重視される傾向にあるが、外国語学習の場合においても学習者が学習している外国語を実際に使えるということが重視されて、実際に「話す」「書く」形式のテストの開発が盛んに試みられている。その場合に、学習者が実際に遭遇する現実場面に近い状況で測定するということで、真正性 (authenticity) という概念が強調される（例えば、Bachman, 1990）。単に獲得した知識を問うのではなく、実際の生活場面で他者とコミュニケーションができる程度を問う、という意味である。従来の客観式のテストは、いわゆる問題項目の個別要素的なテスト (discrete point test)、分析的なテストと呼ばれ、文法・語彙など個々の知識について獲得した程度を重視した測定として批判されることが多くなった。

　しかしながら、パフォーマンスの測定には大きな問題が潜んでいる。まず、すべてを現実場面に近づけていくと、情報が多すぎて「測定する」という視点で大切なものが何かわからなくなってしまう。言い換えると測定したい部分が強調で

きないことになる。真正性もあくまで言語能力を測定するために必要な概念である。実際の言語使用場面をそのまま忠実に試験に持ち込むことが適切かどうかを、測定目的に照らして十分に考える必要がある。ただし、あくまでも程度問題として考えるべきである。

　パフォーマンスの測定には、採点者、評価者の主観の影響が大きい。客観性、信頼性をどうやって確保するのかが大きな問題となる。また、受験者に対して提示できる課題を多くはできず、そういう意味で妥当性の面でも十分ではないこともある。試験の目的によっては完全なパフォーマンステストが適切な場合もあるかもしれない。しかし、測定目的によってはパフォーマンス的な部分と個別要素的な部分とを組み合わせて、信頼性の高い、かつ、言語知識に偏らない試験にすることが適切な場合もある。受験者に学習診断的なフィードバックをしようとするならば、個別要素的な問題項目が必要である。

　例えば、ビジネス・パーソンを対象とした日本語能力テストで受験者の実際のビジネス場面でのコミュニケーション能力を評価する場合、ビジネスの典型的場面を課題に含めればそれでよく、こと細かな部分まで忠実にテスト課題の中に取り入れる必要はない。テストは現実世界の精密な模型である必要はないということである。

　パフォーマンステストが抱えた問題の存在は言語テストに限らない。教育の問題では振り子が完全に振り切れるまで新しい考え方を推し進め、その限界を顧みることがないということが稀ではない。新しく出てきた考え方を徹底的に推進し、それまでの考え方を全否定する傾向がある。そういった「振り子現象」が生じやすい。言語教育における「コミュニカティブなアプローチ」が一時期、言語教育、外国語教育、日本語教育などの分野を席巻したが、それがすべてであるかどうかを再検討すべき時期に来ているように思われる。大切なのはバランスであることに注意が必要である。

10.2　パフォーマンス測定における包括的評価と分析的評価

　パフォーマンステストにおいては、評価者が受験者のテスト課題に対するパフォーマンスを観察して信頼性と妥当性の高い適切な評価を下す必要がある。その場合評価の方法には、包括的評価と分析的評価の2つがある。

　包括的評価は、パフォーマンスを要素や側面に分けることなく総体として評価

する方法である。それに対し、分析的評価ではパフォーマンスを要素や側面に分けて個別に評価する。例えば、評定尺度を複数用意するようなケースである。包括的評価では、評価の観点を評価者間で統一しておくことが必要であるし、分析的評価の場合は、要素への分割の仕方および得点の総合化の方法の適切さが重要になる。

日本語能力を測定する場合には、双方の事例がある。

包括的評価を採用している試験として、日本語 OPI (Oral Proficiency Interview)がある。OPI とは、外国語学習者の会話のタスク達成能力を、一般的な能力基準を参照しながら対面のインタビュー方式で判定するテスト（牧野他, 2001）である。具体的には、資格を持つ訓練されたテスターが受験者と一対一の面接による直接対話で、質問と応答、ロールプレイなどにより受験者の発話を引き出し、その受験者の話す能力を「初級－下」から「上級－上」「超級 (Superior)」、「卓越級 (Distinguished)」までの 11 段階のいずれかに判定する形式の試験である。判定基準はテスター養成段階で訓練されるが、評定尺度のような形で明示されていない。

一方、庄司・野口・金澤ほか（2004）の「日本語口頭能力試験」は分析的評価を用いている。日本語口頭能力試験は大規模試験の中で実施することを意図しているという制約がある。また、日本語能力試験を構成する「話す」試験を念頭において研究開発が進められた。パーソナル・コンピュータで課題が提示され、それに対する受験者の発話が記録され、それに対して訓練された採点者がチェックリスト評定（言及事項の量的評定）、査定基準評定（質的評定）を行う。日本語能力試験 2 級との相関が 0.674（庄司他, 2004）、日本語 OPI との相関が 0.64 程度という結果が出ている。

さらに、海外技術者研修協会（AOTS）の口頭能力試験がある。海外からの技術研修生を対象とした口頭能力試験（Shoji, et al., 2004）である。このテストは日本語口頭能力試験に近い仕様であり、分析的評価となっている。

包括的評価ではどのようにして客観性を保つか、分析的評価では、個々の評定をどのようにして総合的に要約するのかが問題となるが、いずれもさらに研究が進められなければならない重要な課題である。

10.3 評価者の信頼性

パフォーマンス測定の場合、受験者に課題を提示して、実際の発話や作文など、それに対する受験者の解（回）答を評価することになるが、このようなテストでは、評価者の採点に関する安定性（評価者内信頼性）、評価者間の一致度（評価者間信頼性）がテストの信頼性の中で大きな要因を占める。そのため、採点の観点や得点化の基準などを厳密に定めた「採点基準」を用意して、評価者（評定者）に対して十分な研修が実施される。その上で、評価者間の採点結果が高い一致度を示すこと、同一評価者が同一解（回）答を採点した場合に採点結果のぶれが小さいことが望まれるが、そのために評価者間一致度と評価者内一致度を示す指標を用いて採点結果のぶれの程度を検証しておく必要がある。

評価者間一致度は、2名の評定者が「合格—不合格」のような2値データで評定した場合にはκ係数が、評定尺度のような多値データで評定した場合には重み付きκ係数が、さらに、複数の評価者間での採点結果の一致度を見る場合には級内相関係数やα係数などが用いられる。α係数はここでは項目群の等質性ではなく、評価者集団の等質性を見るのに用いられる。

評価者内一致度は、評価者が「合格—不合格」のような2値型で2回評定した場合には、κ係数が、評定尺度のような多値データで評定した場合には重み付きκ係数が用いられる。2回の評定結果の相関係数を算出する方法も用いられるが、この場合には、1回目と2回目との間で平均値がほぼ等しいなど、系統的な差がないことを確認しておく必要がある。

10.4 評価者の信頼性を表わす指標

10.4.1 κ係数

受験者のパフォーマンス評価結果が「合格—不合格」「習得—再学習」などのように、2値型のデータで与えられている時に、2名の評価者の評価結果の一致度（評価者間一致度）、あるいは、同じ評価者が繰り返して2度評価した結果の一致度（評価者内一致度）を表わすのに用いられる。

いま、N名の学習者のスピーキング学習コース修了試験について、X、Y 2名の評価者が評価した結果を、合格=1、不合格=0として表わしたとする（表

10.4 評価者の信頼性を表わす指標

表10.1 学習者に対する、2名の評価者の合否判定

	評価者 X	Y
1	0	1
2	1	0
⋮	⋮	⋮
学習者 l	0	0
⋮	⋮	⋮
⋮	⋮	⋮
N	0	1

表10.2 学習者の合否判定の評価者別集計

	0	1	計
X	n_{X0}	n_{X1}	N
Y	n_{Y0}	n_{Y1}	N

表10.3 学習者の合否判定に関する2名の評価者のクロス集計

		Y 0	1	計
X	0	n_{00}	n_{01}	n_{X0}
	1	n_{10}	n_{11}	n_{X1}
	計	n_{Y0}	n_{Y1}	N

10.1)。このデータを評価者毎に単純集計すると表10.2が、評価者間でクロス集計すると表10.3が得られる。

この時、評価者X, Yがともに1と評価した人数がn_{11}名、0と評価した人数がn_{00}名であるから、2名の評価者が同一の評価をした学習者の比率、すなわち評価が一致した割合は、

$$P_A = \frac{n_{00} + n_{11}}{N} \tag{10.1}$$

で表わされる。しかしながら、評価者X, Yの評価が実質的に全く関連をもたない（評価の仕方が相互に独立な）場合でも、評価結果が偶然一致することがあり、その割合は、

$$P_C = \left(\frac{n_{X0}n_{Y0}}{N} + \frac{n_{X1}n_{Y1}}{N}\right)/N = \frac{n_{X0}n_{Y0} + n_{X1}n_{Y1}}{N^2} \tag{10.2}$$

となることが期待される。

そうすると、2名の評価者の一致のよさは、実際に観測された一致の割合から偶然に一致する割合を引いたものと、完全に一致した場合の割合、すなわち1から偶然に一致する割合を引いたものとの、比で表わすことができる。これをκ係数と呼び、

$$\kappa = \frac{P_A - P_C}{1 - P_C} \tag{10.3}$$

で得られる。

　このκ係数は度数の偏りに影響されやすく、評価結果が0または1が極端に多い場合にはκ係数が低い値にとどまる点に注意が必要である。

　なお、以上では2名の評価者の一致度を計算する場合を述べたが、1名の評価者が繰り返して評価した場合の一致度は評価者X, Yを1回目、2回目と置き換えて計算すればよい。

　実際に、評価者X, Yが10名の学習者を評価した結果が、表10.4に示すような場合に、クロス集計すると表10.5が得られ、κ係数は0.2になる。

表10.4　10名の学習者の評価結果

学習者	評価者 X	Y
1	1	1
2	1	0
3	1	1
4	0	1
5	0	0
6	1	0
7	1	1
8	0	0
9	1	1
10	1	0

表10.5　10名の学習者の評価結果のクロス集計

		Y 0	1	計
X	0	2	1	3
	1	3	4	7
	計	5	5	10

10.4.2　重み付きκ係数

　受験者のパフォーマンス評価結果が「1. 問題なくできる　2. 少し補助すればできる　3. あまりできない　4. ほとんどできない」などのように段階づけられたカテゴリで表わされている場合の評価の一致度を表わすのに用いられる。κ係数と異なり評価者間の評定段階の差（不一致の度合い）も問題になるため、そのことを

表10.6

学習者	評価者 A	B	差（A-B）
1	3	4	−1
2	4	3	1
3	2	2	0
4	3	1	2
5	1	3	−2

10.4 評価者の信頼性を表わす指標

考慮に入れた重みが付けられる。

例えば、評価者 A, B が 5 名の学習者について 4 段階評定尺度を用いて評価した場合に、表 10.6 のような結果が得られたとする。この場合は表に示したように評価者間の不一致の度合いが学習者毎に異なっているし、正負の符号を持つ。これらの不一致の度合いを反映する重みを入れて一致度を表わす。

段階カテゴリ数が m の評定尺度を用いた場合に、評価者 A の評定が j, 評価者 B の評定が k であった場合の重みを W_{jk} とすると、

$$W_{jk} = 1 - \left(\frac{j-k}{m-1}\right)^2 \tag{10.4}$$

で与えられる。評価者間で評定が一致している場合には $j=k$ であるから、$W_{jk}=1$ になり、評定が最も一致しない場合は、一方が m で、もう一方が 1 であるから $W_{jk}=0$ になる。表 10.6 の例では、$m=4$ で学習者 1 から順に $W_{jk}=\frac{8}{9}, \frac{8}{9}, 1, \frac{5}{9}, \frac{5}{9}$ になる。

そして、評価者 A がカテゴリ j と評定し、評価者 B がカテゴリ k と評定した学習者が n_{jk} 名だった場合、

$$P_A = \frac{\sum_{j=1}^{m}\sum_{k=1}^{m} w_{jk} n_{jk}}{N} \tag{10.5}$$

$$P_C = \frac{\sum_{j=1}^{m}\sum_{k=1}^{m} w_{jk} n_{\cdot j} n_{k \cdot}}{N^2} \tag{10.6}$$

として、

$$K_W = \frac{P_A - P_C}{1 - P_C} \tag{10.7}$$

で重み付き κ 係数が得られる。左辺の添え字 w は重み (weight) 付きであることを表わしている。

例えば、表 10.7 のような評価結果が得られている場合には、表 10.8 のような重みを使って計算され、重み付き κ 係数の値は 0.35 になる。

重み付き κ 係数は κ 係数と同様に、各評価者の評定値分布の偏りに影響されやすく、また、表の対称性やカテゴリ数にも影響されやすいことに注意が必要である。

表10.7 評価が評定尺度で得られる場合の評価者間クロス集計表

		評価者 B				計
		1	2	3	4	
評価者 A	1	1	1	0	0	2
	2	1	2	2	1	6
	3	1	3	3	1	8
	4	0	1	2	1	4
	計	3	7	7	3	20

表10.8 κ 係数算出のための重み

		評価者 B			
		1	2	3	4
評価者 A	1	1	8/9	5/9	0
	2	8/9	1	8/9	5/9
	3	5/9	8/9	1	8/9
	4	0	5/9	8/9	1

10.4.3 相関係数

通常用いられるピアソンの積率相関係数を2名の評価者の評価結果にあてはめて、評価結果間の関連の度合いを表わすことができる。すなわち、

表10.9 2名の評価者による評価得点

		評価者	
		X	Y
	1	X_1	Y_1
受験者	2	X_2	Y_2
	:		
	i	X_i	Y_i
	:		
	N	X_N	Y_N

という評価結果が得られているとき、

$$r_{XY} = \frac{S_{XY}}{S_X S_Y} \tag{10.8}$$

となる。ここで、

$$S_X^2 = \frac{1}{N} \sum_{i=1}^{N} (X_i - \bar{X})^2 \tag{10.9}$$

$$S_Y^2 = \frac{1}{N} \sum_{i=1}^{N} (Y_i - \bar{Y})^2 \tag{10.10}$$

$$S_{XY} = \frac{1}{N} \sum_{i=1}^{N} (X_i - \bar{X})(Y_i - \bar{Y}) \tag{10.11}$$

で与えられる。

例えば、5名の受験者の作文課題を X, Y 2名の評価者が10段階で評価した結果が得られているとする。

表 10.10. 作文課題に対する2名の評価者の評価

		評価者 X	評価者 Y
受験者	1	6	7
	2	4	3
	3	3	1
	4	5	5
	5	7	9

この時、$\bar{X}=5.0, \bar{Y}=5.0, S_X^2=2.0, S_Y^2=8.0, S_{XY}=4.0$ であり、相関係数は $r_{XY}=1.0$ になる。評価者 X と評価者 Y との評価が一致していないにもかかわらず、相関係数が 1.0 になっている点に注意されたい。

10.4.4 級内相関係数

級内相関係数は評価者が m 名 ($m \geq 2$) の場合に評価者間の一致性 (agreement) または一貫性 (consistency) を表わすのに用いられる。一致性とは評価者間での評定値が絶対的に一致している程度を問題にし、一貫性は評価者間での評定値が相対的に一致、すなわち、順位が一致している程度を問題にする。また、評価者が何らかの基準で選抜された m 名に固定している場合にそれら m 名の間での一致度を問題にする場合 (混合モデル) と、そうではなく評価者となり得る母集団からランダムに m 名が選抜されていて、それらの評価者母集団での一致度を問題にする場合 (変量モデル) がある (例えば、McGraw & Wong (1996) 参照)。

このように級内相関係数には複数の種類があるが、ここでは評価者 m 名が何らかの基準で選ばれて固定している場合に、それらの一致性を問題にするものを取り上げる。

いま、N 名の学習者の成果を m 名の評価者が評価した結果が表 10.11 で与えられているとする。すなわち、学習者 i の成果に対する評価者 j の評価を x_{ij} ($i=1, \cdots, N; j=1, \cdots, m$)、学習者 i のすべての評価者からの評価の平均値を $x_{i\cdot}$ ($i=1, \cdots, N$)、評価者 j のすべての学習者に対する評価の平均値を $x_{\cdot j}$ ($j=1, \cdots, m$)、すべての x_{ij} ($i=1, \cdots, N; j=1, \cdots, m$) の平均を $x_{\cdot\cdot}$ とする。

表 10.11　m 名の評価者による評価結果

		評	価		者			平均
		1	2	⋯	j	⋯	m	
学習者	1	x_{11}	x_{12}	⋯	x_{1j}	⋯	x_{1m}	$x_{1\cdot}$
	2	x_{21}	x_{22}	⋯	x_{2j}	⋯	x_{2m}	$x_{2\cdot}$
	⋮	⋮	⋮		⋮		⋮	⋮
	i	x_{i1}	x_{i2}	⋯	x_{ij}	⋯	x_{im}	$x_{i\cdot}$
	⋮	⋮	⋮		⋮		⋮	⋮
	N	x_{N1}	x_{N2}	⋯	x_{Nj}	⋯	x_{Nm}	$x_{N\cdot}$
平均		$x_{\cdot 1}$	$x_{\cdot 2}$	⋯	$x_{\cdot j}$	⋯	$x_{\cdot m}$	$x_{\cdot\cdot}$

　級内相関係数は基本的には、「学習者の成果に評価者が与えた得点の分散（全分散）」を、「学習者の能力の違いを要因とする分散（学習者要因分散）」と「評価者の厳しさの違いを要因とする分散（評価者要因分散）」と「その他の要因をまとめて誤差要因とする分散（残差分散）」に分解するモデル、すなわち、

$$\text{全分散}=\text{学習者要因分散}+\text{評価者要因分散}+\text{残差分散}$$

というモデルを立てて、

$$\text{級内相関係数}=\frac{\text{学習者要因分散}}{\text{学習者要因分散}+\text{評価者要因分散}+\text{残差分散}}$$

で定義する。

　評価者間で完全に学習者に対する評価（得点）が一致しているほど、評価者要因分散の値が 0 に近くなり、級内相関係数は 1 に近い値をとる。

　ただし、このモデルは学習者数 N が大きいとき、すなわち、母集団で成立することが仮定されている。このため実際に得られた表 10.11 のような標本データからは母集団の級内相関係数を推定することになる。この時、「学習者の成果に評価者が与えた得点の散らばり（全平方和）」が、「学習者の能力の違いを要因とする散らばり（学習者要因平方和）」と「評価者の厳しさの違いを要因とする散らばり（評価者要因平方和）」と「その他の要因をまとめて誤差要因とする散らばり（残差平方和）」に分解できることを利用する。全平方和を SST、学習者要因平方和を SSL、評価者要因平方和を SSR、残差平方和を SSE として、これらを表 10.11 の記号を用いて表わすと、

10.4 評価者の信頼性を表わす指標

$$SST = \sum_{i=1}^{N} \sum_{j=1}^{m} (x_{ij} - x..)^2 \tag{10.12}$$

$$SSL = \sum_{i=1}^{N} m\,(x_{i.} - x..)^2 \tag{10.13}$$

$$SSR = \sum_{j=1}^{m} N\,(x_{.j} - x..)^2 \tag{10.14}$$

$$SSE = \sum_{i=1}^{N} \sum_{j=1}^{m} (x_{ij} - x_{i.} - x_{.j} + x..)^2 \tag{10.15}$$

となり、さらに MST, MSL, MSR, MSE を、

$$MST = \frac{SST}{(N-1)(m-1)} \tag{10.16}$$

$$MSL = \frac{SSL}{N-1} \tag{10.17}$$

$$MSR = \frac{SSR}{m-1} \tag{10.18}$$

$$MSE = \frac{SSE}{(N-1)(m-1)} \tag{10.19}$$

とすると、級内相関係数 ρ の推定値 $\hat{\rho}$ は、

$$\hat{\rho} = \frac{MSL - MSE}{MSL + (m-1)\,MSE + \frac{m}{N}(MSR - MSE)} \tag{10.20}$$

で得られる。

　積率相関係数と同じ表10.10.のデータを用いて (10.20) 式により級内相関係数の値を求めると、$\hat{\rho} = 0.833$ になる。積率相関係数では $r = 1.0$ であったが、これは、上記の評価データでは評価者Yの評価結果が評価者Xの評価結果に比べて、すべての受験者に対して $Y = 2X - 5$ という1次式で表される関係になっていることによる。すなわち、積率相関係数は評価者間での相対的な一致度を表わし、絶対的な一致度を表わさないのに対して、(10.20) 式の級内相関係数は絶対的な一致度を表わすという違いがある。評価者間の一致度を見るのに積率相関係数を用いる場合には、合わせて評価者間の平均値や分散の違いを見る必要があるが、級内相関係数の場合にはその必要がない。

10.4.5 α係数

表10.13に示した、N名の学習者の成果をm名の評価者が評価した結果について、各学習者について評価者m名の合計得点をT_i ($i=1, \cdots, N$)とし、各評価者について学習者N名に対する得点の分散をs_j^2 ($j=1, \cdots, m$)、合計得点の分散をs_T^2とすると（表10.12）、「6.4 信頼性係数の推定」で述べたα係数を計算することができる。ただし、6.4では行方向に評価者ではなくテスト項目を並べていた。そこでは、「テストに含まれる一群の項目が同一の特性を測定しているかどうか」というテスト項目の等質性を示す指標としてα係数が用いられていた。ここで「項目」を「評価者」に置き換えることによって、「m名の評価者の評価結果の等質性」をα係数を用いて表わすことができる。

すなわち、

$$\alpha = \frac{m}{m-1}\left\{1 - \frac{\sum_{j=1}^{m} s_j^2}{s_T^2}\right\} \tag{10.21}$$

でα係数が得られる。

級内相関係数が評価者1名あたりの平均的な信頼性の程度を表わすのに対して、α係数はm名の評価者の得点の合計点もしくは平均点の信頼性を表わしている。

表10.13に4名の評価者が10名の受験者のパフォーマンスを10段階で評定し

表10.12 m名の評価者による評価結果

学習者	評価者1	2	⋯	j	⋯	m	合計
1	x_{11}	x_{12}	⋯	x_{1j}	⋯	x_{1m}	T_1
2	x_{21}	x_{22}	⋯	x_{2j}	⋯	x_{2m}	T_2
⋮	⋮	⋮		⋮		⋮	⋮
i	x_{i1}	x_{i2}	⋯	x_{ij}	⋯	x_{im}	T_i
⋮	⋮	⋮		⋮		⋮	⋮
N	x_{N1}	x_{N2}	⋯	x_{Nj}	⋯	x_{Nm}	T_N
平均	$x_{\cdot 1}$	$x_{\cdot 2}$	⋯	$x_{\cdot j}$	⋯	$x_{\cdot m}$	$\bar{T}$
分散	s_1^2	s_2^2	⋯	s_j^2	⋯	s_m^2	s_T^2

表10.13 10名の受験者に対する4名の評価者による評価の信頼性

受験者	評価者1	2	3	4	合計
1	5	5	6	5	21
2	5	6	5	7	23
3	6	6	7	7	26
4	7	7	8	6	28
5	7	7	7	7	28
6	6	7	8	7	28
7	8	8	7	9	32
8	8	9	7	8	32
9	10	9	8	9	36
10	9	10	9	10	38
平均	7.1	7.3	7.2	7.6	29.2
分散	2.5	2.4	1.2	2.0	26.0

た場合を例として示した。この場合、α 係数は 0.92 となり、評価者集団で等質性の高い評定結果が得られている。

10.5 多相ラッシュ・モデル

パフォーマンス測定の結果は、言語テストの場合、多相ラッシュ・モデルにより分析されることが多い（例えば、McNamara, 1996 参照）。「多相」というのは、通常のラッシュ・モデルが受験者×項目の二相からなる矩形のデータ行列（要素は 0 か 1、もしくは、多段階の得点）を分析するのに対して、受験者×項目（評価の観点）×評価者の三相からなる直方体状のデータを分析するなど、相の数が 3 以上のテスト・データを分析するモデルであることを表わしている。

例えば、受験者のスピーキング能力を評価するのに、ある課題を与えてそれに対する受験者の発話を評定して得点化する、という状況を想定する。評価者は A、B、C の 3 名で、評価の観点は、1) 即応性と滑らかさ、2) 発音のわかりやすさ、3) 語彙のわかりやすさ、4) 構造のわかりやすさ、で各観点について、1, 2, 3, 4, 5 の 5 段階で評価者が評定しているとする（庄司ほか (2004) を参照して例示用に作成）。この場合には、受験者×評価の観点という矩形のデータ行列が、評価者 3 名分あり、仮に受験者 10 名の場合には、10×4×3 の直方体状にセルが並んだデータが得られることになる。論文や報告書等の中で実際にデータを立体的に表現することは難しいため、表 10.14 に示すような表現がとられることが多い。

表 10.14　3 名の評価者による 4 つの観点からのスピーキング能力評価

受験者	評価者 A				評価者 B				評価者 C			
	即応性	発音	語彙	構造	即応性	発音	語彙	構造	即応性	発音	語彙	構造
1	4	4	4	5	4	4	4	4	4	4	4	5
2	2	3	2	2	3	4	2	2	3	3	2	2
3	3	4	2	3	4	4	3	3	4	4	3	3
4	1	3	1	1	2	3	2	2	1	3	2	2
5	3	3	3	3	4	3	3	2	3	3	3	3
6	1	3	2	2	3	3	2	3	2	3	2	2
7	1	2	2	2	2	2	2	2	2	2	2	2
8	4	3	2	2	4	4	3	4	4	3	3	3
9	3	3	3	1	4	3	3	2	3	3	2	2
10	3	2	1	2	4	3	2	3	4	3	1	2

このような場合に、受験者の能力 (ability)、項目 (評価観点) の困難度 (difficulty)、評価者の厳しさ (severity) をパラメタとして、ラッシュ・モデルを拡張することができる。多相ラッシュ・モデルでは、ラッシュ・モデルの場合と同様に、得点に評定尺度による得点を想定するモデルと部分得点を想定するモデルに分類される (「7.4 ラッシュ・モデル」参照)。多相ラッシュ・モデルの下位モデルについてパラメタがわかりやすいように (7.84) 式で用いた対数オッズ比形式で表現する。

1) Common step model

すべての項目、すべての評価者で評定値 (得点) の表わす困難度が共通の場合、

$$\ln \frac{P_{ijrk}}{P_{ijrk-1}} = \theta_i - b_j - c_r - t_k \tag{10.22}$$

ここで、θ_i は受験者 i の能力、b_j は項目 j の困難度、c_r は評価者 r の厳しさを表わすパラメタ、t_k は評定値 (得点) の閾値パラメタ ($k-1$ 点を得るか k 点を得るかの閾値) である。ただし、$k = 0, 1, \cdots, K_j$ で、K_j は項目 j で最高の得点カテゴリ。

2) Item-step model

項目間で評定値 (得点) の表わす困難度が異なる部分得点モデルになるが、評価者間では困難度が共通な評定尺度になっている場合、

$$\ln \frac{P_{ijrk}}{P_{ijrk-1}} = \theta_i - b_j - c_r - t_{jk} \tag{10.23}$$

ここで、θ_i は受験者 i の能力、b_j は項目 j の困難度、c_r は評価者 r の厳しさを表わすパラメタであり、評定値 (得点) の閾値パラメタ t_{jk} は項目間で異なってもよいが評価者間では共通になる。

3) Judge-step model

評価者間で評定値 (得点) の表わす困難度が異なる部分得点モデルになるが、項目間では困難度が共通な評定尺度モデルになっている場合、

$$\ln \frac{P_{ijrk}}{P_{ijrk-1}} = \theta_i - b_j - c_r - t_{rk} \tag{10.24}$$

ここで、θ_i は受験者 i の能力、b_j は項目 j の困難度、c_r は評価者 r の厳しさを表わすパラメタであり、評価値（得点）の閾値パラメタ t_{rk} は評価者間で異なってもよいが、同一の評価者については項目間で共通になる。

4) Judge-item-step model

項目と評価者の組み合わせ毎に評定値（得点）の表わす困難度が異なり、両者で部分得点モデルになっている場合、

$$\ln \frac{P_{ijrk}}{P_{ijrk-1}} = \theta_i - b_j - c_r - t_{jrk} \tag{10.25}$$

ここで、θ_i は受験者 i の能力、b_j は項目 j の困難度、c_r は評価者 r の厳しさを表わすパラメタであり、評定値（得点）の閾値パラメタ t_{jrk} は項目間および評価者間で異なってもよい。

以上の4種類がある。いずれの場合にも右辺のすべてのパラメタが同一の潜在特性尺度上に位置づけて表わされる。表 10.14 のデータに「Common step model」を適用した結果を図 10.1 に示した。その結果、受験者の能力水準、項目の困難度、評価者の厳しさの関係が単一の尺度上で明らかになっている。ここで計算プログラムには FACETS (Linacre, 2013) を用いた。

なお、対数オッズ形式ではなく指数関数を用いて Common step model を表わすと、

$$\ln \frac{P_{ijrk}}{P_{ijrk-1}} = \theta_i - b_j - c_r - t_k$$

であるから、
$k=0$ のとき、

$$P_{ijrk} = \frac{1}{1 + \sum_{k=1}^{K} \exp\{k(\theta_i - b_j - c_r) - \sum_{s=1}^{k} t_s\}} \tag{10.26}$$

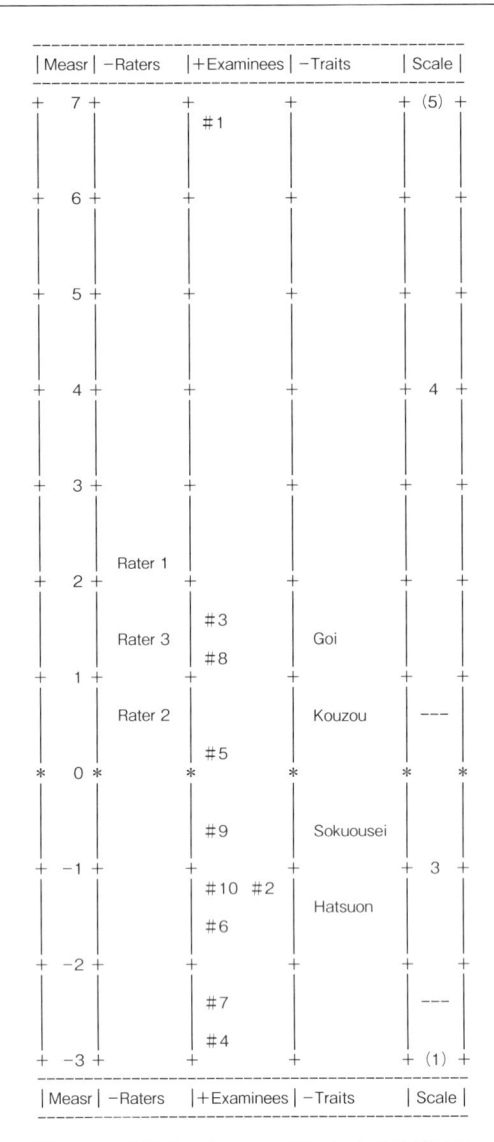

```
|Measr| -Raters  |+Examinees |-Traits  | Scale |
-------------------------------------------------
+   7 +          +           +         +  (5) +
|                |#1         |         |      |
|                |           |         |      |
|                |           |         |      |
+   6 +          +           +         +      +
|                |           |         |      |
|                |           |         |      |
|                |           |         |      |
+   5 +          +           +         +      +
|                |           |         |      |
|                |           |         |      |
|                |           |         |      |
+   4 +          +           +         +   4  +
|                |           |         |      |
|                |           |         |      |
|                |           |         |      |
+   3 +          +           +         +      +
|                |           |         |      |
|       Rater 1  |           |         |      |
+   2 +          +           +         +      +
|                |#3         |         |      |
|       Rater 3  |           |  Goi    |      |
|                |#8         |         |      |
+   1 +          +           +         +      +
|       Rater 2  |           |  Kouzou |  --- |
|                |#5         |         |      |
*   0 *          *           *         *      *
|                |           |         |      |
|                |#9         |Sokuousei|      |
+  -1 +          +           +         +   3  +
|                |#10  #2    | Hatsuon |      |
|                |#6         |         |      |
+  -2 +          +           +         +      +
|                |           |         |  --- |
|                |#7         |         |      |
|                |#4         |         |      |
+  -3 +          +           +         +  (1) +
-------------------------------------------------
|Measr| -Raters  |+Examinees |-Traits  | Scale |
```

図 10.1　多相ラッシュ・モデルによる分析結果
　　　　（FACETS による出力結果）

$k=1, \cdots, K$ のとき、

$$P_{ijrk} = \frac{\exp\{k(\theta_i - b_j - c_r) - \sum_{s=1}^{k} t_s\}}{1 + \sum_{k=1}^{K} \exp\{k(\theta_i - b_j - c_r) - \sum_{s=1}^{k} t_s\}} \tag{10.27}$$

になる (Linacre (1994) p. 53)。その他のモデルも同様に表わすことができるが、繁雑になるので省略する。

　実際にこれらのモデルに含まれるパラメタ値を実際のデータから推定するには、FACETS (Linacre, 2013) や ConQuest3.0.1 (Adams, Wu, & Wilson, 2012) などのコンピュータ・プログラムを用いればよい。

　多相ラッシュ測定の導入は、言語テストを2値型の採点結果を得点化することからパフォーマンスを評価することへ変化をもたらした。1990年代のはじめから外国語教育においてコミュニカティブ・アプローチが優勢になってきたことを受けて、実生活をシミュレートした文脈で「話す」「書く」能力を測定するテストが言語テストの中心とすることを実現したことを意味した（例えば、McNamara & Knoch (2012) p. 567 参照）。

　多相ラッシュ・モデルは実用水準で活用され、評価者トレーニングが評価者個人の厳しさの変動を小さくする効果はある。評価者間の厳しさの違いを小さくする効果はあまりないことを実証的に示したり（例えば、McNamara (1996) p.235)、言語能力が実際の言語行動場面で反映する状況を記述した文、言語能力記述文を多数用意して、学習者に対する教師の評価をデータにこれらの言語能力記述文を単一の尺度上に配置することによって言語能力水準を記述することを試す (North & Schneider (1998)) などの成果が得られている。後者に関しては、「11. CEFRによる言語テスト間の対応づけ」で取り上げる。

　なお、評価者による評定を取り入れた分析モデルには、この他に「一般化可能性理論 (Generalizability theory)」がある。このモデルでは、古典的テスト理論（第6章参照）で偶然誤差として包括的に扱っていた測定誤差を、問題項目に起因する誤差、評価者に起因する誤差など複数の誤差要因に分けて取り扱い、それらがテスト得点の分散の中で占める大きさ（割合）を「分散分析モデル」を用いて推定する。評価者要因に関しては、評価者間の厳しさの違いを評価者集団全体での測定誤差として取り上げる。これ対して、多相ラッシュ・モデルでは評価者個人の厳しさを表わすパラメタをモデルに組み込んで、評価者毎の厳しさを個別に推定するという点が異なっており、そのためモデルに適合しない評価者を具体的に

検出することも可能である。一般化可能性理論については、例えば、『研究社日本語教育事典』を、詳しくは、池田 (1994)、平井 (2007)、Brennan (2001) などを参照されたい。

第11章　CEFR[1]と言語テスト

11.1　CEFRと欧州評議会

　CEFR (Common European Framework of Reference for Languages: Learning, teaching, assessment) とは、欧州域内で国や言語の違いを超えて、言語（外国語）教育専門家（テスト開発機関や行政担当官を含む）などが言語学習、教授法、そして評価法に関する相互理解およびコミュニケーションを促進するための基盤となる参照枠組みを提示した文書のことで、欧州評議会[2] (Council of Europe) が1997年に開始した言語教育プロジェクトの成果として、2001年に英語版 (Council of Europe, 2001) が出版された。

　これを皮切りにCEFRは英語以外の言語版も順次出版されている（2013年現在35言語版）。それらは英語版を各言語に単に翻訳したものではなく「基本的な線は確保しながらも、各言語の視点から記述している」（吉島ほか, 2004）点に特徴がある。

11.2　CEFRの概要

　「1つの欧州」を目指す欧州評議会の理念を受けてCEFRは、
1) 欧州市民の相互理解促進のために市民が母語以外の言語も必要に応じて使用できるようになるという「複言語主義」と、母語話者並みを必ずしも目標とはせ

---

1) CEFRは、日本語教育関係では「セファール」と読まれることが多いが、Cambridge English Language AssessmentやCRELLA (Centre for Research in English Language Learning and Assessment) はじめCEFRに関係する研究機関では「シィーイーエフアール」と発音する。
（例えば http://www.cambridgeenglish.org/jp/exams-and-qualifications/cefr/ を参照）
2) 欧州評議会は「一つの欧州」を目指して、人権、民主主義、法の支配、文化的協力の分野で国際社会の基準策定を主導する国際機関として、1949年にフランスのストラスブールに設立された。当初の加盟国は、フランス、イタリア、英国、ベルギー、オランダ、スウェーデン、デンマーク、ノルウェー、アイルランド、ルクセンブルクの10カ国であったが、現在は47カ国にのぼっている。日本は1996年11月に米国、カナダに次いで3番目の欧州評議会のオブザーバー国となっている。

ずに、必要な能力を身につける「部分的能力」の許容、
2）学校教育終了後も自律的に学習でき、生涯学習を続けられる学習者支援、
3）欧州域内での移動に対する言語学習の継続性確保、
4）教師中心主義ではなく学習者中心主義の立場、
5）行動中心主義（○○ができる）の言語教育観、
などを基盤として策定されている。

CEFR では具体的な言語能力水準を「共通参照レベル」として、
　A：基礎段階の言語使用者（Basic User）、
　B：独立した言語使用者（Independent User）、
　C：熟達した言語使用者（Proficient User）
の3レベルを設定し、さらに、各レベルを2つずつに分けて、全部で6段階の言語能力水準を設定している（表 11.1）。これら6段階について吉島・大橋（2004）では C1: Effective Operational Proficiency を「効果的な言語操作熟達」、C2: Mastery を「熟練（レベル）」としている。他の4段階に関しては日本語訳をつけることなく原語をそのまま用いているため、本書でもそれに倣うことにする。

表 11.1　CEFR が設定する言語能力段階

A：基礎段階の言語使用者（Basic User）	
A1	Breakthrough
A2	Waystage
B：独立した言語使用者（Independent User）	
B1	Threshold
B2	Vantage
C：熟達した言語使用者（Proficient User）	
C1	Effective Operational Proficiency
C2	Mastery

そして、これら6段階のそれぞれに対して、「全体的な尺度（global scale）」、および、「聞くこと（Listening）」、「読むこと（Reading）」、「話すこと（やりとり）（Spoken interaction）」、「話すこと（表現）（Spoken production）」、「書くこと（Writing）」などの言語行動の諸側面を組み合わせ、格子状に配列し、それぞれのセルに具体的にできる言語行動を能力記述文で例示している。例えば、「全体的な尺度」の C2 レベルでは、

「聞いたり、読んだりしたほぼすべてのものを容易に理解することができる。いろいろな話し言葉や書き言葉から得た情報をまとめ、根拠も論点も一貫した方法で再構成できる。自然に、流暢かつ正確に自己表現ができ、非常に複雑な状況でも細かい意味の違い、区別を表現できる」

「聞くこと」のC1レベルでは、

「たとえ構成がはっきりしなくて、関係性が暗示されているにすぎず、明示的でない場合でも、長い話が理解できる。特別の努力なしにテレビ番組や映画を理解できる」

「読むこと」のB2レベルでは、

「筆者の姿勢や視点が出ている現代の問題についての記事や報告が読める。現代文学の散文は読める」

「話すこと（やりとり）」のB1レベルでは、

「当該言語圏の旅行中に最も起こりやすいたいていの状況に対処することができる。例えば、家族や趣味、仕事、旅行、最近の出来事など、日常生活に直接関係のあることや個人的な関心事について、準備なしで会話に入ることができる」

「話すこと（表現）」のA2レベルでは、

「家族、周囲の人々、居住条件、学歴、職歴を簡単な言葉で一連の語句や文を使って説明できる」

「書くこと」のA1レベルでは、

「新年の挨拶など短い簡単な葉書を書くことができる。例えばホテルの宿帳に名前、国籍や住所といった個人のデータを書き込むことができる」

と言語能力が記述されている（日本語訳は、吉島・大橋（2004）から引用）。

一般に言語能力は「聞く」「読む」「書く」「話す」の4技能で表わされることが多いが、「話す」技能を「話す（やりとり）」と「話す（表現）」に分けている点が特徴的である。さらに、言語使用場面などについてより詳細な状況を設定して、言語能力が記述されている。CEFRの内容に関して詳しくは、Council of Europe（2001）および吉島・大橋（2004）を参照されたい。

11.3 能力記述文の尺度化

CEFRの能力記述文は、スイス国立科学研究機関（Swiss National Science Research Council) が 1993 年から 1996 年にかけて実施したスイス・プロジェクトの成果のひとつを利用している。300 名近い教師と 2800 名ほどの学習者のデータをもとに項目応答理論（ラッシュ・モデルおよび多相ラッシュ・モデル）を適用して、基礎段階の学習者から熟達した言語使用者にわたる広範囲の能力記述文を相互に比較できるように、すべての能力記述文の困難度を共通尺度上に載せている。その結果、能力記述文を適当な段階に振り分けて示すことが可能になった（CEFR 付録 B、および North & Schneider (1998)、North (2000) など参照）。

スイス・プロジェクトは、1994 年にパイロット・プロジェクトとしてまず英語から開始され、このパイロット・プロジェクトの結果に基づいて、1995 年には、ⅰ) 英語に加えてフランス語とドイツ語を対象にする、ⅱ) 教師評定に加えて自己評定も加える、ⅲ) 相互作用 (interaction) と発話産出 (production) に加えて、読解と (一方的な) 聴解も加える、など研究の幅を拡げた。だが、研究の方法自体は 2 年度間で大きく異なることはなかった。これらの成果が、CEFR の初版で取り上げられた言語使用各側面に対応する言語能力記述文セットを実証的に開発し尺度化するためにも利用された (North, 2005)。

能力記述文を尺度化するために、具体的には次の 3 つのステップで進められた。

1) Comprehensive documentation

まず、能力記述文を収集しプールする段階で、既存の言語能力尺度 (41 尺度) を調査している。例えば、

- American Council on the Teaching of Foreign Languages Proficiency Guidelines 1986
- Australian Second Language Proficiency Ratings 1982
- Eurocentres Scale of Language Proficiency 1993
- Foreign Service Institute Absolute Proficiency Ratings 1975
- International English Testing System (IELTS): Band Descriptors for the Speaking & Writing 1990

などが含まれ、欧州域内に限らず広く世界の言語能力尺度にわたっている。

これらの能力尺度に含まれる記述文をそのまま用いるのではなく、文単位に分割した上で暫定的なカテゴリ水準に配置した。その上でさらに近接した文をまとめて文章化するなど、言語能力を記述するための素材として利用するために変更が加えられ再編集された。

2) 質的妥当化 (Qualitative validation)

次に、スイスの教育制度で中等教育、職業教育、成人教育など広い範囲の各分野を代表する能力の高い外国語教員グループに対するワークショップを通して、言語能力記述文の妥当化が進められた。

3) 量的妥当化 (Quantitative validation)：データ収集とラッシュ・モデルによる分析

【評定 1】 1995 年調査の場合、クラスを持った教師 192 名（フランス語 81 名、ドイツ語 65 名、英語 46 名）がそのクラス全体の能力範囲を代表する学習者 10 名を選んで、各学習者について、50 の能力記述文から構成された調査票に回答した。調査票は入門者（beginner）向けから上級者（advanced）向けまで 7 種類あり、相互に共通な記述文（common items）を 10 ないし 15 含んでいた。入門者向けと上級者向けを除いて、中間段階の学習者向けの調査票には、上下両方向にそれぞれ共通な記述文が含まれる。これらの共通な記述文を利用して相互にレベルの異なる 7 つの調査票に含まれる能力記述文をすべて単一の共通の上に位置づける（垂直尺度化）。

各記述文に対して教師は表 11.2 に示す 5 段階の評定尺度で学習者の水準を判断して回答した。

【評定 2】 また、すべての教師は 1920 名の学習者から選ばれた同じ 11 名のビデオを見て、上記の調査票に含まれる能力記述文から編集された短縮版調査票

表 11.2 調査に用いられた 5 段階評定尺度

評定段階	能力の記述
0	This describes a level which is definitely beyond his/her capabilities. Could not be expected to perform like this.
1	Could be expected to perform like this provided that circumstances are favourable, for example if he/she has some time to think about what to say, or the interlocutor is tolerant and prepared to help out.
2	Could be expected to perform like this without support in normal circumstances.
3	Could be expected to perform like this even in difficult circumstances, for example when in a surprising situation or when talking to a less co-operative interlocutor.
4	This describes a performance which is clearly below his/her level. Could perform better than this

(mini questionnair) に回答した。この回答は各教師が学習者 10 名に対する回答を実施した後 2 週間以内に実施された。

この調査結果に対して、多相ラッシュ・モデルの部分得点バージョン (「10.5 多相ラッシュ・モデル」を参照) を適用して分析した。多相ラッシュ・モデルを用いることにより評定者 (教師) 間での評定の厳しさの違いを検討することが可能になり、部分得点バージョンを用いることにより、5 段階評定尺度における評定の間隔が能力記述文間で異ならないかどうかを確認することができる。

【分析結果】

評定 2 で得られたデータを多相ラッシュ・モデルの中の部分得点モデルを用いて分析したところ (分析プログラムは FACETS が用いられた)、評定尺度は能力記述文で異なることはなく、調査に参加した教員間で評定の厳しさ (severity) に大きな違いは見られないことが明らかになった。

その結果、評定 1 で得られた教師別の学習者 10 名に対する評定は、特に教師を区別することなく、評定した教員が異なる学習者に対する評定結果を合わせて分析することが可能となった。評定した教員を区別する必要がないことにより、7 つのレベルの異なる調査票毎に、各学習者に対する 50 の能力記述文に対する教員の評定結果が入った矩形のデータ行列が得られる。

それらの矩形データ行列をラッシュ・モデルの評定尺度モデルを適用して分析することによって、各レベル毎に言語能力記述文の難易度を示す尺度と各記述文の尺度値とが得られる。このとき、隣接する調査票間で共通に含まれる言語能力記述文に関しては、調査票間で異なる尺度上の尺度値が得られることになる。同一の言語能力記述文に対して得られた 2 つの異なる尺度上の値を情報として、調査票間で共通の尺度を得ることができるが、この手順を 7 つのレベルの異なる調査票間で繰り返すことによって、調査に用いられたすべての言語能力記述文を単一の尺度上に位置づけることが可能になる。すなわち、言語能力記述文を易しいものから難しいものまで共通尺度上の適切な位置に配置することができる。

11.4 能力記述尺度上でのレベル分割点の決定

次に必要なのは、言語能力記述文を難易度レベルでグルーピングするための分割点 (cut-offs) を設定することであるが、客観的な基準やデータをもとに決めることはできない。

North & Schneider (1998) では、分割点の設定は基本的に主観的な作業であるとしながらも、それは決して任意に決めるものではないとしている。そこでは、まず暫定的にほぼ等間隔で 10 のバンド・スケールを設定したあとで、次に言語能力レベル間の違いが明確に表われる境界的な言語能力記述に照らし合わせながらレベルの数と分割点を調整する。

スイス・プロジェクトでは 10 水準で分割点はほぼ等間隔（ロジット・スケールでほぼ 1.0 間隔）を採用したが、the Council of Europe Common Framework（具体的には CEFR）では 6 水準を設定して、各水準ではより広い能力範囲をカバーしている（表 11.3）。

ここで各レベルの幅は、A1 が 1.06、A2 が 2.00、B1 が 1.95、B2 が 2.08、C1 が 1.10 になっていて A2、B1、B2 の幅が広いことがわかる。現在 CEFR では A2+、B1+、B2+ の 3 レベルを加えて 9 水準が用いられることがあるが、その根拠は当初から見られていたと言える。

表 11.3　CEFR の言語能力段階とスイス・プロジェクト共通尺度上の境界値

レベル	名　称	境界値
C2	Mastery	3.90
C1	Effectiveness	2.80
B2	Vantage	0.72
B1	Threshold	−1.23
A2	Waystage	−3.23
A1	Breakthrough	−4.29

11.5　言語テストの CEFR への関連づけ

外国語教育（言語教育）関係者にとっては、実際に利用している言語テストが CEFR とどのような関係にあるかを示す情報が必要となるし、当該言語テストを開発している機関はその要請に応える研究を実施して結果を公開することが必要になる。

このような要請に応えるために、欧州評議会の言語政策部門では、言語テストを CEFR に関連づけるために必要な手続き、および、その理論的根拠、技術的側面をまとめた文書をマニュアルとして出版している（Council of Europe. 2009）。

このマニュアルによると、具体的な言語テストをCEFRに関連づけるためには、1) Familiarization、2) Specification、3) Standardization、4) Empirical Validationという、相互に関連した4つの手続きを経ることが要請されている。

Familiarization（パネルのCEFRに対する習熟）は、特定の言語テストをCEFRに関連づけるプロジェクトへのパネル参加者がCEFRに関する詳細な知識を確実に持つようにするための研修過程であり、この研修内容をしっかり習得していることが、次のSpecificationおよびStandardizationの手続きに入る前提となり、そうでない場合にはその後の成果は利用するに値しない水準にとどまってしまう。

Specification（テスト内容とCEFRの整合性評価）は、CEFRの第4章「言語使用と言語学習者」および第5章「使用者もしくは学習者の能力」で提示されている諸カテゴリに関連して、対象となっている言語テスト（内容や課題の形式）がそれらをきちんとカバーしているかどうかを検討する過程である。パネルの構成員によって、試験で測定している内容がCEFRの記述カテゴリをどれだけよく反映しているかが判断される。

Standardization（判断の標準化）は、CEFRの第3章で提示されている「共通参照レベル」の共通理解が十分に得られ、かつ、それが対象となっている言語テストの判断に反映するようにする過程である。CEFRの各レベルを十分に反映する受験者標本とテスト項目のサンプルが提示され、それによってパネル参加者間でレベルのより詳細な共通理解を促進する。さらに、対象となっている言語テストの受験者パフォーマンスの標本の能力レベルやテスト課題や項目標本の困難度をパネル参加者が判断する。この過程では、課題や項目の困難度に関する決定が、専門家（熟達者）の判断だけではなく、プレ・テストを実施した結果も根拠にして行われる。

Empirical Validation（経験的妥当化）は、対象としている試験自体の妥当性や試験のCEFRへの対応づけの妥当性がどちらも論理的に正しい（sound）結果になっていることに根拠（evidence）を与える過程で、実際にテストを実施して得られたデータや査定の評定結果を収集し分析した結果を検討する。

マニュアルの試行版が2003年の終わりに配布されたのに続いて、2005年初頭にReference Supplement（補遺）と呼ばれる補完的な出版物が出された。そこでは、基準設定、古典的テスト理論、テストの妥当化に関する質的方法、一般化可能性理論、因子分析、そして、項目応答理論へのアプローチの広範囲な議論が述べられている。このreference supplementではマニュアルそれ自身よりも、より

特化した技術的な情報が提供されている。現在は 2009 年に出版されたマニュアルおよび補遺が最新の内容になっている（Council of Europe. 2009）。

11.6　日本語能力を測定する試験にとって CEFR は絶対的な参照枠か？

　現在 CEFR は世界の外国語教育界や言語テスト界で大きく注目され、日本でも、日本語教育分野で『JF 日本語教育スタンダード 2010』（国際交流基金, 2013）、英語教育分野で CEFR-J（CEFR-J 研究開発チーム, 2012）などが開発されている。ただ、CEFR に対しては建設的な批判もあり、その点もきちんと理解しておくことが必要である。例えば、「CEFR は実証的に妥当性が示されている言語能力の記述あるいは言語学習過程のモデルに基づいたものではない」（Fulcher, 2003）や「CEFR の言語能力記述尺度における 'Can-do' statement の困難度は実際の言語行動場面の文脈に依存して変動するが、そのことが十分に考慮されていない」（Weir, 2005）などの指摘がある。

　また、日本語教育の場合に CEFR が絶対的な共通参照枠かどうかは慎重に吟味する必要がある。既に述べたが、CEFR は欧州評議会（Council of Europe）が 1997 年に開始した言語教育プロジェクトの成果として、2001 年に英語版が出版されたのが端緒であり、その後、英語以外の言語版も順次出版されているが（2013 年現在 35 言語版）、それらは単に翻訳したものではなく「基本的な線は確保しながらも、各言語の視点から記述している」（吉島ほか, 2004）点に特徴がある。そうだとすると、まず CEFR が欧州域内の言語に関する共通参照枠であり、その共通性の高い欧州域内の言語でも英語版の翻訳ではなく独自の版が開発されていることに注目する必要がある。

　日本語の場合に欧州系言語との共通性の度合いが低いことは、例えば、米国国務省外務研修所（Foreign Service Institute; FSI）の調査では（いろいろな条件が付くが）、英語母語話者が、一定程度の外国語能力を身に付けるのに、フランス語・スペイン語で 23-24 週間、ドイツ語で 30 週間、日本語で 88 週間かかると報告している。FSI のデータはあくまである条件の下での学習者が一定水準に到達するのに必要とする学習時間であり、欧州系の言語と日本語との間に大きな時間差があることは確かである。そのため、欧州域内の言語に関する共通参照枠である CEFR に日本語を対応づける際には、そのままのレベルに対応づけられる能力記

述とそうでない能力記述とがあると思われる。特に、「読む」「書く」の能力（技能）に関して「文字（漢字）」の能力をどう位置づけるかが問題になる可能性があり、これらの点に関して実証的な研究を積み重ねて十分に検討する必要がある。

11.7 CEFRのまとめ

　本来のCEFRに含まれない欧州域外の言語を何らかの形でCEFRに対応づけようとする場合には、当該テストによる測定結果を、単にCEFRの6段階に対応付けて示すだけではなく、CEFRが開発され外国語教育に大きな影響を与えて来た基礎にある理念を十分踏まえること、欧州域内の言語の共通性に比べて欧州域外の言語が持つ独自性に配慮することが必要である。

　また、6段階に目を奪われてはいけない。背後にある膨大な研究の成果であること、また、現在も建設的な批判があることに十分に注意を払いながら日本語教育の中にCEFRを取り入れていかなければならない。

第12章　日本語能力測定に関する独自性について

　この章では日本語学習および日本語能力測定における独自性について、言語学的な視点ではなく外国語習得および外国語能力テストの視点から取り上げる。12.1 では米国国務省の附属機関で実施している外国語研修で一定水準の外国語能力を習得するのに要する時間を調査した結果を、12.2 では、2009 年以前の日本語能力試験において受験級の上昇と受験者の能力尺度値の平均の上昇との関係を母語グループ別に検討した結果を取り上げ、最後に 12.3 で同じく 2009 年以前の日本語能力試験において受験級の上昇と受験者の日本語能力の潜在構造の変化を母語グループ別に検討した結果を取り上げる。これらの結果から、日本語能力を測定するテストを開発する際に留意すべき視点が得られる。

12.1　英語母語話者における日本語学習の困難度

　日本語を学習する際に学習者の母語に応じて習得の容易度が異なることは、いろいろな母語の日本語学習者を教えた経験のある教育関係者の間では常識とも言えることである。このような外国語学習の難易度と母語との関係を定量的に示したもののひとつに、米国国務省の附属機関の FSI (Foreign Service Institute) による英語と外国語との距離を表わす分類表である (The School of Language Studies of the Foreign Service Institute, 1973)。この分類表は、FSI の研修で実施している外国語研修で一定水準の外国語能力を習得するのに要する時間を調査した結果に基づいて作成されていて、FSI スケールでレベル 3 に到達することを基準としている。

　FSI スケールでレベル 3 というのは、「専門的な仕事がこなせる」水準で、具体的には、

- able to speak the language with sufficient structural accuracy and vocabulary to participate effectively in most conversations on practical, social, and professional topics

（ほとんどの実用的、社会的、そして専門的な会話に十分に参加できるだけの

正確な文章構造と語彙の力に基づいた話す力を持つ）
- can discuss particular interests and special fields of competence with reasonable ease
（特別な関心のある事柄や専門分野に関する議論を特に困難を感じることなく行うことができる）
- has comprehension which is quite complete for a normal rate of speech
（通常の速度で話された内容を完全に理解することができる）
- has a general vocabulary which is broad enough that he or she rarely has to grope for a word
（滅多に単語を手探りで探す必要のないほどの十分広い範囲の一般語彙を獲得している）
- has an accent which may be obviously foreign; has a good control of grammar; and whose errors virtually never interfere with understanding and rarely disturb the native speaker.
（明らかに外国人と思われるアクセントではあるかもしれないが、文法的には適切であり、実質的な理解を妨げるような誤りはなく、母語話者を困惑させるようなことがほとんどない）

と記述されている（日本語訳は著者による）。

この水準にどの程度の学習時間で到達できるかをFSIでは4つのカテゴリに分けて示している。「カテゴリ1」は極めて英語に近い言語で23–24週（575–600クラス時間）で到達できる言語で、例えば、イタリア語、スペイン語、スェーデン語、フランス語などが含まれる。「カテゴリ2」は英語とはかなり異なる言語学的もしくは文化的差異のいずれか一方または両方に該当する言語で44週（1100クラス時間）で到達できる言語で、ギリシア語、チェコ語、トルコ語、ロシア語などが含まれる。「カテゴリ3」は英語母語話者にとって極めて難しい言語で88週（2200クラス時間）、アラビア語、韓国語、中国語（広東語、台湾語、マンダリン語）、日本語の4つが含まれる。これ以外に「その他」として、ドイツ語が30週（750時間）、インドネシア語、マレーシア語、スワヒリ語が36週（900クラス時間）を要するとしている。

この分類は、FSIで6名以下のクラスで研修する、主として40歳程度の外交官で、言語学習に適性があり、少なくともひとつの外国語に関する知識を既に持っている学習者が、週に25時間のクラスと1日に3–4時間の自習を実行した場合

と言う条件の下で作成されたものであるが、英語と各言語との距離を表わすひとつの指標になることはまちがいない。

　この分類が英語と他言語との距離を表わしていると見ると、韓国語、日本語、中国語が最も遠い「カテゴリ 3」に分類されている点が日本語教育にとって示唆的である。

　英語と CEFR で当初から想定される欧州系の言語との距離は、英語と日本語との間の距離に比べてはるかに近い。そのことは、欧州域内の言語に関する共通参照枠である CEFR に日本語を対応づける際には応用言語学的な視点や言語の使用場面などについて十分に検討することの必要性を炙り出していると言える。

12.2　日本語能力試験に見る学習者の母語が学習進度に及ぼす影響

　ここでは、かつて日本語教育界で言われてきた重要な疑問の中で、特に海外の非漢字圏学習者を教える日本語教育関係者の間で言われてきた、「日本語能力試験で 3 級に合格してから 2 級に合格するまでの間に大きなギャップがある」、「大学学部の日本語専攻の学生でも、1 年間日本へ留学しないと 2 級に合格できない」という問題に関する実証的な研究の成果を紹介する。詳しくは、野口・熊谷・大隅（2007）を参照されたい。

12.2.1　2009 年度までの日本語能力試験

　日本語能力試験（The Japanese Language Proficiency Test、以下 JLPT と略す）は 2009 年度までは、学習段階に対応する 4 つの級別に実施され、各級は文字・語彙（100 点）、聴解（100 点）、読解・文法（200 点）の 3 類構成で、合計 400 点満点で結果が表示されて、いわゆる正答数得点が用いられていた。そのため、異なる級に属する問題項目の困難度や識別力を相互に比較検討することが不可能であり、また、試験の結果についても異なる級の受験者間で得点を相互に比較することができなかった。

　もし各級における問題項目の困難度等の特性を相互に比較できるならば、学習者が自分の受験級だけでなく、JLPT が測定する能力範囲全体の中に自分を位置づけて、より広い学習への見通しを得ることができる。教育する側にとっても、教材作成や教育カリキュラムへの効果、学習者への支援など、日本語教育の内容

面でより望ましい効果があると考えられる。

　これらの相互比較を可能にするためには、4つの級別の測定結果（得点）が単一の共通尺度上の値で表現されることが必要である。4つの級の能力水準が相互に異なる場合に共通尺度を構成することを特に「垂直尺度化（vertical scaling）」と呼ぶが、通常は項目応答理論を用いて個別の尺度を構成した上で垂直尺度化の手続きがとられる（「8.4　尺度得点の垂直尺度化」参照）。

12.2.2　垂直尺度化のデザインとモニター・テスト

　垂直尺度化を実現するためには、第8章でも述べたように、垂直尺度化するテスト間に共通する情報が必要である。具体的には、尺度の等化デザインに準じて、1）同一の受験者が複数のテストを受験する「共通受験者デザイン」、2）同一のテスト項目を複数のテストに配置して実施する「共通項目デザイン」、3）複数のテストの受験者集団に対して共通のテストを実施する「係留（アンカー）テストデザイン」に大別される。

　野口ほか（2007）では、「係留（アンカー）テストデザイン」を用いることにして、JLPTの本試験とは別にモニター・テストを編集、作成、実施してJLPTの4つの級を垂直尺度化している。具体的には、JLPT2001年度1級および2級から問題項目を抽出しモニター・テストAを作成、同様に2級と3級からモニター・テストBを、3級と4級からモニター・テストCを作成した。問題項目の抽出は、1）項目の困難度がある程度の散らばりを持つ、2）問題内容や問題形式などが元のテストを十分に反映する、という原則の下で行われ、実際の項目数は最小12項目（3級および4級聴解）から最大24項目（1級読解・文法）を各級テストから抽出している。

12.2.3　モニター・テストの実施

　モニター・テストは2006年3月に国内で実施されたが、2005年度JLPTの国内受験者の一部に対しモニター・テスト受験の募集をし、応募者の中からJLPT全受験者の母語バランスなどに配慮してモニター・テストの受験を依頼している。

　モニター・テストAは、2005年度JLPT1級受験者および2級受験者から326名を、モニター・テストBは2級受験者および3級受験者から380名を、モニター・テストCは3級受験者および4級受験者から362名の計1068名を対象に実施された。

母語別の受験者数は、中国語母語話者393名、韓国語132名、それ以外543名であった。

12.2.4　共通尺度化の手順
共通尺度は以下の手順で構成された。

1)　共通尺度化の前に、まず2001年度JLPT全受験者の解答データをもとに級・類毎にIRT尺度が構成された。すなわち、各級・類毎に各項目の識別力パラメタ、および、困難度パラメタの値が推定された。この段階では4つの級の3つの類に対して、全部で12（=4×3）の独自のIRT尺度が構成されている。

2)　これとは別に、12.2.3のモニター・テストの受験者解答データをもとにして類毎に共通尺度化するための等化係数が推定された。その際には受験者のモニター・テストに含まれる2つの級の項目から級別に得られた2つの推定尺度値に対して、Mean & Sigma法（Marco, 1977）が用いられた。具体的には、モニター・テストAの結果を用いて1級尺度を2級尺度に、モニター・テストBの結果を用いて3級尺度を2級尺度に、モニター・テストCの結果を用いて4級尺度を3級尺度に共通化するための等化係数が類毎に推定された。

3)　この等化係数を用いて2001年度JLPTの全項目を「文字・語彙」「聴解」「読解・文法」の各類毎に構成される共通尺度上に位置づけた。すなわち、各項目の困難度パラメタ、および、識別力パラメタの値が共通尺度上の値に変換された。なお、類毎に垂直尺度化された共通尺度は2級受験者のIRT特性尺度値の平均が0.0、標準偏差が1.0となるように原点と単位とが定められた。垂直尺度化および等化係数については第8章を参照されたい。

12.2.5　垂直尺度化の成果
2001年度JLPTの各級・各類受験者全体での特性尺度値の平均・標準偏差は表12.1に示すとおりである。類別に見ると、「文字・語彙」と「聴解」とでは3級と4級の間で平均値の差が最も大きく、「読解・文法」では逆に3級と4級の間で平均値の差が最も小さくなっている。

次に2001年度受験者の母語別に見た各類特性尺度値の級別平均および標準偏差は表12.2および図12.1に示すとおりであった。

「文字・語彙」では、4級から1級にかけてすべての級で「中国語」の平均値が最も高く、4級から3級にかけては「その他」が「韓国語」を若干上回るが、2級

表 12.1 2001年度受験者の各級の類別に見た特性尺度値の平均・標準偏差

	受験者数	文字・語彙	聴解	読解・文法	総合尺度得点
1級	72432	1.22	1.48	1.61	1.53
		(1.02)	(1.42)	(1.52)	(1.18)
2級	58044	0.06	0.04	0.03	0.00
		(1.15)	(1.19)	(1.12)	(1.00)
3級	57469	−1.47	−1.21	−1.49	−1.58
		(1.16)	(1.15)	(1.29)	(1.12)
4級	35889	−3.43	−3.34	−2.28	−3.37
		(1.58)	(1.51)	(1.06)	(1.31)

上段：平均値、下段：標準偏差

表 12.2 受験者の母語別に見た各類特性尺度値の級別平均および標準偏差

| 母語 | 文字・語彙 |||| 聴解 |||| 読解・文法 ||||
	1級	2級	3級	4級	1級	2級	3級	4級	1級	2級	3級	4級
中国語	1.45	0.53	−1.18	−3.22	1.13	−0.15	−1.42	−3.52	1.42	0.06	−1.43	−2.23
	(1.00)	(1.06)	(1.08)	(1.50)	(1.20)	(1.06)	(1.00)	(1.39)	(1.46)	(1.03)	(1.27)	(1.07)
韓国語	0.95	−0.34	−1.82	−4.02	1.96	−0.01	−1.39	−3.59	1.99	0.15	−1.78	−2.59
	(0.96)	(1.09)	(1.17)	(1.48)	(1.58)	(1.16)	(1.05)	(1.32)	(1.56)	(1.25)	(1.29)	(0.99)
その他	0.63	−0.51	−1.51	−3.46	1.99	0.76	−0.56	−2.99	1.21	−0.31	−1.19	−2.21
	(0.87)	(0.96)	(1.16)	(1.64)	(1.45)	(1.39)	(1.29)	(1.66)	(1.37)	(1.01)	(1.23)	(1.04)

上段：平均
下段：標準偏差

から1級にかけては逆転して、「韓国語」が「その他」を若干上回っている。3級から2級への変化は「中国語」で1.71、「韓国語」で1.48であるのに比べて、「その他」では1.00と小さい。

「聴解」に関しては、4級から1級にかけてすべての級で「その他」の平均値が最も高く、4級から2級までは「中国語」と「韓国語」の間で差はほとんどなく、1級で「韓国語」は「中国語」との差が大きく出て、「その他」と変わらない値を示している。3級から2級への変化は「中国語」で差が1.27、「韓国語」で差が1.38、「その他」で差が1.32で、グループの能力の平均値の2–3級間の差は1.3前後でほぼ等しい。

「読解・文法」に関しては、4級では「その他」と「中国語」とがほぼ等しく

12.2 日本語能力試験に見る学習者の母語が学習進度に及ぼす影響　　173

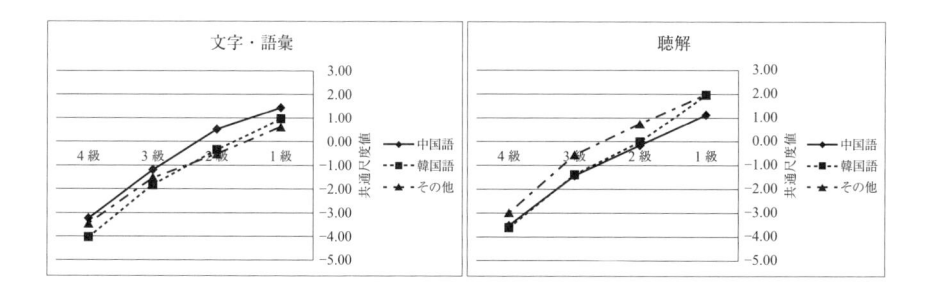

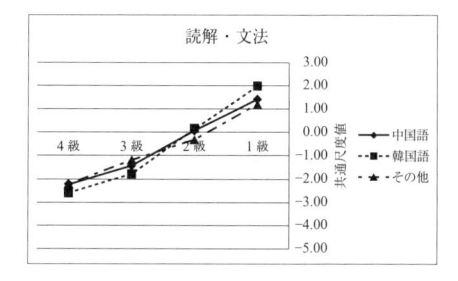

図 12.1　受験者の母語別に見た各類特性尺度値の級別平均

「韓国語」が若干低く、3 級ではわずかな差ではあるが「その他」「中国語」「韓国語」の順で高い値を示す。2 級では「韓国語」と「中国語」がほぼ等しいのに対して「その他」がやや低い値を示す。1 級では「韓国語」が最も高くなり、「中国語」、「その他」の順になっている。4 級と 3 級で最も高い値を示した「その他」が 2 級と 1 級では最も低い値を示している。これは 3 級と 2 級との平均値の差が「中国語」で 1.49、「韓国語」で 1.93 であるのに比べて、「その他」では 0.88 と相対的に小さい値であることによる。

　これらの結果は日本語能力試験の出題基準で、1) 文字 (漢字) 数に関する基準は 3 級 300 字から 2 級 1000 字、語彙数は 3 級 1500 語から 2 級 6000 語と大きく拡大していること、2) 3、4 級の語彙が教科書から収集・選定されているのに対して、1，2 級の語彙は新聞・雑誌のコーパスからの収集であり、質的にも難しくなっていること、3) 3 級のテクストは短文問題平均 83 字、長文平均 259 字であるのに対し、2 級のテクストは短文平均 233 字、中文平均 508 字、長文 858 字（いずれも 2001 年度各問テクスト字数平均）と増え、さらに問題数も多くなり、2 級受験者には 3 級受験者に比べて大量のテクストを処理することが要求されてい

ることなどが反映していると考えられる。

12.2.6 まとめ

以上の結果から、「その他」グループが代表する「非漢字圏」日本語学習者に関して、「文字・語彙」「読解・文法」では類別尺度得点の3級平均値と2級平均値との差が漢字圏学習者に比べて相対的に小さく、「文字・語彙」、「読解・文法」において3級受験者の能力水準から2級受験者の能力水準に達するためには、「中国語」「韓国語」グループに比べてより長い学習期間を必要とすることが示唆された。これに対して、「聴解」では4級から1級まで一貫して「その他」グループの平均値が高く、「その他」グループに固有の特徴は見られない。これらの結果を直ちに一般化することには慎重でなければならないが、日本語と日本語学習者の母語の間の「距離」を考えると、中国語と日本語との間には漢字という共通の文字が存在し、韓国語と日本語との間には語彙の共通性や文法構造の類似性があるが、非漢字圏の言語にはこれらの類似性がないために一定水準（例えばCEFRでC1レベル）の日本語能力を習得するのにより長い時間を要することが示唆された。

12.3　日本語能力試験に見る学習者の母語が因子構造に及ぼす影響

12.2節では改定前の日本語能力試験で、受験者の母語の違いが学習の進度にどのように影響するのかを、類別の共通尺度上の級別の平均尺度値の変化で検討した。本節では日本語能力試験を類別に取り上げるのではなく、全体として取り上げて背後に想定できる潜在特性（能力）の次元を因子分析法を適用して検討した研究について取り上げる。

因子分析法とは多変量解析と呼ばれる一群の統計手法のひとつで、比較的多数の観測変量データから、それらの背後に想定される少数の潜在変量（因子と呼ぶ）を見出して、観測される現象の背後に想定される潜在的な構造を探ることを目的としている。具体的には、観測変量間の関係を相関係数で表わした相関行列を計算して、それを基に因子分析モデルを適用して、潜在変量、すなわち、因子を抽出する。因子数の決定や観測変量と因子との関連の度合いを表わす指標、因子間に相関を想定するか否か、などの技術的問題があるが、ここでは、因子分析の結果、背後に想定できる因子数が決定できること、因子の内容的な意味づけが観測

変量と当該因子との関係を表わす因子負荷の値から導かれることが重要である。

12.3.1 日本語能力試験各級の全受験者データの因子分析

Noguchi, Kumagai, Osumi, & Wakita (2008) では、2001 年度、2002 年度、2003 年度の日本語能力試験の 1 級から 4 級まで「文字・語彙」「聴解」「読解・文法」のすべてを受験した受験者を対象として、級別にすべての項目を取り上げて因子分析を実施している。年度間でほとんど違いが見られなかった。例えば 2003 年度の 1 級受験者 84550 名のデータを因子分析した場合には、因子数は 2 と決定され、日本語能力試験の全項目の背後には 2 つの潜在変量、すなわち、因子を想定することが適当であることが示された。さらに、各項目について因子負荷の値を基に 2 つの因子を座標軸とする平面にプロットして、項目の内容、項目の平面上の位置、項目のまとまりなどを手掛かりにして、各座標軸が何を表わしているのかを推測して、図 12.2 に示すような結果が得られた。

図 12.2 では座標平面の第 I 象限にほぼすべての項目が位置づけられ、右下部分に「文字」項目、左上部分に「聴解」項目が、その中間に「読解」「語彙」「文法」項目が集まって、まとまりを形成している。

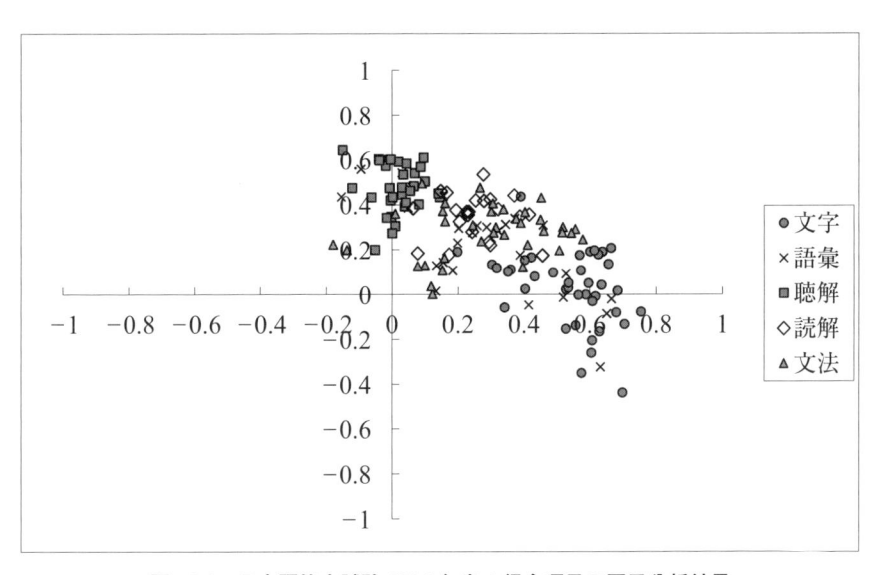

図 12.2 日本語能力試験 2003 年度 1 級全項目の因子分析結果

この結果から、Noguchi et al. (2008) では、日本語能力試験は、1)「漢字がもたらす情報を検索処理する能力」を表わす因子（漢字情報処理因子）と、2)「文脈を活用して理解を構築する能力」を表わす因子（文脈情報処理因子）の2因子構造をなしていると解釈している。さらに漢字情報処理因子は、日本語能力試験で「文字（漢字）」の能力は単なる「形態的知識」として測定しているのではなく、「部首、偏、旁などの字形」「音」「意味」「語彙性」「文法性」その他の情報を利用して適切な漢字および語彙を検索する高度な情報処理過程を測定していることの反映と解釈している。言い換えると、「文字（漢字）」は言語知識という側面もあるが、言語処理の側面が強いと言える。

　そうだとすると、日本語能力試験の能力基準を考えるにあたっては、日本語能力試験における「漢字力」の定義を明確にする必要があると言える。このことは日本語能力試験に限らず外国語としての日本語能力を測定したり、日本語教育のカリキュラムを策定する際に重要である。「文字（漢字）」の問題は、いずれの欧米系の言語テストにも存在せず、第11章で取り上げた CEFR に日本語の試験や日本語学習カリキュラムを関連づける（relating）場合に、そのまま関連づけるのではなく、日本語独自の基準も考慮した設定が必要となる。

　また、同じく漢字を用いる中国語との関係で考えると、中国語がすべて漢字で表記されるのに対して、日本語では漢字かな混じりで表記される。この点で「文字（漢字）」の言語処理的な側面が異なり、情報処理過程を反映した異なる能力基準が想定される可能性がある。

12.3.2　日本語能力試験各級の母語グループ別受験者データの因子分析

　次に同じデータを「中国語」「韓国語」「その他」の3つの母語グループに分けて分析を実施する。母語グループ別の人数は表12.3に示すとおりである。そして、因子分析を実施した結果得られた因子数は表12.4に示すとおりになった。

　各母語グループは日本語能力のレベルに対して独自の因子構造の変化を示している。まず、初級前半の学習者が受験する4級では、各母語グループともに共通の1因子性を示すが、初級後半の学習者が受験する3級では、「その他」グループが「中国語」「韓国語」グループと異なり、2因子性を示すようになる。中級の学習者が受験する2級では3級と同様に「その他」グループが「中国語」「韓国語」グループと異なり、2因子性を示している。

　さらに、上級の学習者が受験する1級では、「その他」グループに加えて、「韓

表12.3　2003年度日本語能力試験母語グループ別受験者数（名）

レベル	中国語	韓国語	その他
1級	50909	26975	6666
2級	42740	20995	13423
3級	31415	17688	36596
4級	16747	4019	18497

表12.4　2003年度日本語能力試験母語グループ別因子数

レベル	中国語	韓国語	その他
1級	1	2	2
2級	1	1	2
3級	1	1	2
4級	1	1	1

国語」グループも2因子性を示すようになる。「中国語」グループは4つのレベルを通して1因子性を示すことに変わりがない。

　異なるデータから得られた因子分析の結果を比較する場合には、因子数が同一でも因子の表わす内容が必ずしも一致しないことがあり、慎重でなければならない。ここで表われている2因子は12.3.1で示された「漢字情報処理因子」と「文脈情報処理因子」の2因子構造を示していると考えられる。そうだとすると、「中国語」グループは日本語の初級学習者から上級学習者まで基本的に漢字情報と文脈情報とを区別することなく日本語学習を進めることができ、「その他」グループは学習すべき漢字数や漢字語彙が多少増加する3級レベル（初級後半）から母語とはタイプの異なる表意文字の「漢字」の習得や漢字かなまじり文の読解に関して文脈情報処理とは異なる能力が必要となると考えられる。「韓国語」グループは現在は母語で漢字を用いる場面が限定されているが、漢語由来の語彙も少なくないために1級レベル（上級）以前は漢字情報処理が因子として表われてこないものと思われる。

　「その他」母語グループには欧米系の言語だけではなく、タイ語やインドネシア語を母語とする受験者が少なからず含まれているが、いずれも漢字や類似した表意文字による表記を持たない言語である点で日本語と異なっている。この点からも日本語の学習基準や日本語能力を測定するテストの結果をCEFRなど欧米系の

言語を念頭において開発された言語能力基準や参照枠に関係づける際には、欧州系の言語にはない漢字情報処理因子に注意する必要がある。

参 考 文 献

【第 2 章】

Bachman, L. F.（1990）. *Fundamental Considerations in Language Testing.* Oxford, U.K.: Oxford University Press.（池田央・大友賢二（監訳）（1997）.『言語テストの基礎』CSL 学習評価研究所.）

Bachman, L. & Palmer, A.（1996）. *Language testing in practice.* Oxford, U.K.: Oxford University Press.（大友賢二・ランドルフスラッシャー（訳）（2000）.『実践言語テスト作成法』大修館書店.）

Lim, S. G.（2013）. Components of an elaborated approach to test validation. *Cambridge English Research Notes*, 51, 11–14.

【第 4 章】

肥田野直（1972）.『テスト I』東京大学出版会.

熊谷龍一（2009）.「初学者向けの項目反応理論分析プログラム EasyEstimation シリーズの開発」『日本テスト学会誌』5, 107–118.

Olson, U.（1979）. Maximum likelihood estimation of the polychoric correlation coefficient. *Psychometrika*, 44, 443–460

芝祐順（1979）.『因子分析法　第 2 版』東京大学出版会.

【第 5 章】

APA, AERA, NCME（1954, 1966, 1974）. *Standards for educational and psychological tests and manuals.,* Washington, DC: AERA.

Bachman, L. & Palmer, A.（1996）. *Language testing in practice.* Oxford, U.K.: Oxford University Press.（大友賢二・ランドルフスラッシャー（訳）（2000）.『実践言語テスト作成法』大修館書店.）

Bax, S.（2013）. The cognitive processing of candidates during reading tests: Evidence from eye-tracking. *Language Testing*, 30, 441–465.

Borsboom, D., Mellenbergh, G. J., & Heerden, J. V.（2004）. The concept of validity. *Psychological Review*, 111, 1061–1071.

Cambell, D. T., & Fiske, D. W.（1959）. Convergent and discriminant validation by the multitrait-multimethod matrix. *Psychological Bulletin*, 56, 81–105.

Chapelle, C. A., Enright, M. K., & Jamison, J. M.（Eds.）（2008）. *Building a Validity Argument for the Test of English as a Foreign Language.* New York: Routledge.

Kane, M. T.（2006）. Validation. In Brennan, R.（Ed.）*Educational Measurement*（4th

ed.) Washington, D.C.: American Council on Education / Oryx Press.
Geranpayeh, A. and Taylor, L. (2013). *Examining listening: research and practice in assessing second language listening,* Studies in language testing 35. Cambridge, U.K.: Cambridge University Press.
Khalifa, H. and Weir, C. (2009). *Examining reading: research and practice in assessing second language reading. Studies in language testing* 29. Cambridge, U.K.: Cambridge University Press and Cambridge ESOL.
近藤安月子・小森和子編（2011）.『研究社日本語教育事典』研究社.
Messick, S. A. (1989). Validity. In Linn, R. L. (Ed.). *Educational Measurement* (3rd ed., pp. 13–103). New York: National Council on Measurement in Education/ American Council on Education. (池田央・柳井晴夫・藤田恵璽・繁枡算男（訳編）(1991)『教育測定学（上巻）』C.S.L. 学習評価研究所，みくに出版)
Messick, S. (1996). Validity and washback in language testing. *Language Testing, 13,* 241–256.
Nakatsuhara, F. (2012). *The relationship between test-takers' listening proficiency and their performance on the IELTS Speaking test.* In L. Taylor & C. J. Weir (Eds.), *IELTS Collected Papers 2: Research in reading and listening assessment, Studies in language testing,* 34, 519–573. Cambridge, U.K.: Cambridge University Press.
中津原文代（2013）.「能力基準としての Can-do statements とテストの妥当性を検証する「社会的・認知的枠組み」（Socio-cognitive Framework）について」『言語教育評価』3, 44–53.
O'Sullivan, B. and Weir, C. J. (2011). *Test development and validation.* In O'Sullivan, B. (Ed.) *Language Testing: Theories and Practices,* Basingstoke: Palgrave Macmillan, 13–32.
Shaw, S. and Weir, C. (2007). *Examining writing: research and practice in assessing second language writing. Studies in language testing* 26. Cambridge, U.K.: Cambridge University Press and Cambridge ESOL.
澤木泰代（2011）.「大規模言語テストの妥当性・有用性検討に関する近年の動向」『言語教育評価研究』2, 54–63.
Tayler, L. (ed.) (2011). *Examining reading: research and practice in assessing second language reading. Studies in language testing 30.* Cambridge, U.K.: Cambridge University Press.
Toulmin, S. E. (1958). *The uses of argument.* Cambridge: Cambridge University Press.
Toulmin, S. E. (2003). *The uses of argument—Updated edition.* Cambridge: Cambridge University Press.
Weir, C. J. (2005). *Language Testing and Validation: An evidence-based Approach.* London, U.K.: Palgrave Macmillan.

【第6章】

Bachman, L. & Palmer, A. (1996). *Language Testing in Practice*. Oxford, U.K.: Oxford University Press.

Cronbach, L. J. (1951). Coefficient alpha and the internal structure of tests. *Psychometrika, 16,* 297–334.

Kuder, G. F., & Richardson, M. W. (1937). The theory of the estimation of test reliability. *Psychometrika, 2,* 151–160.

池田央 (1973). 『テストⅡ』東京大学出版会.

Lord, F. M. & Novick, M. R. (1968). Statistical Theories of Mental Test Scores. Reading, MA: Addison-Wesley.

【第7章】

Bock, R. D. (1972). Estimating item parameters and latent ability when responses are scored in two or more nominal categories. *Psychometrika, 37,* 29–51.

Bond, T. G. & Fox, C. M. (2001). *Applying the Rasch model: Fundamental measurement in the human sciences,* Second Edition. New York, NY: Routledge,

Lord, F. M. (1952). *A Theory of Test Scores., Psychometric Monograph No.7.* Psychometric Society.

Lord, F. M., & Novick, M. R. (1968). *Statistical Theories of Mental Test Scores*. Reading, MA: Addison-Wesley.

Masters, G. N., & Wright, B. D. (1984). The essential process in a family of measurement models. *Psychometrika, 49,* 529–544.

McNamara (1996). *Measuring Second Language Performance*. London and New York: Addison Wesley Longman.

Muraki, E. (1992). A Generalized Partial Credit Model: Application of an EM Algorithm. *Applied psychological measurement, 16,* 159–176.

大友賢二 (1996). 『項目応答理論入門――言語テスト・データの新しい分析法』大修館書店.

Rasch, G. (1960). *Probabilistic models for some intelligence and attainment tests.* Copenhagen: Denmarks Paedogogiske Institut. (内田良男監訳 (1985). 『心理テストの確率モデル』名古屋大学出版会)

Samejima, F. (1969). *Estimation of Latent Ability Using a Response Pattern of Graded Scores. Psychometric Monograph No. 17,* Psychometric Society.

芝祐順 (1978). 「語彙理解尺度作成の試み」『東京大学教育学部紀要』17, 47–58.

芝祐順・野口裕之 (1982). 「語彙理解尺度の研究Ⅰ―追跡データによる等化―」『東京大学教育学部紀要』22, 31–42.

静哲人 (2007). 『基礎から深く理解するラッシュモデリング――項目応答理論とは似

て非なる測定のパラダイム』関西大学出版.
Thissen, D. & Steinberg, L. (1986). A taxonomy of item response models. *Psychometrika*, 51, 567–577.
Wright, B. D., & Masters, G. N. (1982). *Rating scale analysis*. Chicago: MESA Press.

【第8章】
Holland & Dorans (2006). Linking and Equating, In Brennan, R.L. (Ed.) Educational Measurement 4th Edition, pp. 187–220, Praeger Publishers.
Kolen, M. J. & Brennan, R. L. (2004). Test Equating, Scaling, and Linking. New York, NY: Springer.
Linn, R. L. (1993) Linking results of distinct assessments, *Applied Measurement in Education*, 6, 437–456.
Mislevy, R. J. (1992). *Linking educational assessments: Concepts, issues, methods, and prospects.* Princeton, NJ: Educational Testing service, Policy Information Center.
Marco, G. L. (1977). Item characteristic curve solutions to three intractable testing problems. *Journal of Educational Measurement*, 14, 139–160.
野口裕之・熊谷龍一・大隅敦子 (2007).「日本語能力試験における級間共通尺度構成の試み」『日本語教育』135, 54–63.
North, B. (2000). Linking language assessments: an example in a low stakes context, *System,* 28, 555–577.
村木英治 (2006).「全米学力調査 (NAEP) 概説――テストデザインと統計手法について」『東京大学大学院教育学研究科教育測定・カリキュラム開発講座 2005 年度研究活動報告書』51–66.
斉田智里 (2005).「学力低下問題を考える――学力測定の方法論から」(日本教育心理学会第 47 回総会日本教育心理学会研究委員会企画シンポジウム 2005).
芝祐順 (1991).『項目反応理論――基礎と応用』東京大学出版会.
渡辺直登・野口裕之編著 (1999).『組織心理測定論』白桃書房.

【第9章】
Dorans, N. J. & Holland, P. W. (1993). DIF detection and description: Mantel-Haenszel and standardization. In P. W. Holland & H. Wainer (Eds.), *Differential item functioning* (pp. 35–66). Hillsdale, NJ: Erlbaum.
Holland, P. W. & Thayer, D. T. (1988). Differential item functioning and the Mantel-Haenszel procedure. In H. Wainer & H. I. Braun (Eds.), *Test validity* (pp. 129–145). Hillsdale, NJ: Erlbaum.
井上俊哉・孫媛・野口裕之・酒井たか子 (2007).「日本語プレースメントテストにおける DFI 研究」日本語教育学会 2007 年度春季大会予稿集, 201–206.

熊谷龍一（2012）.「統合的 DIF 検出方法の提案——"EasyDIF" の開発」『心理学研究』83, 35–43.

野口裕之・熊谷龍一・脇田貴文・和田貴子（2007）.「日本語 Can-do-statements における DIF 項目の検出」『日本言語テスト学会研究紀要』10, 106–118.

Pae T. (2004), DIF for examinees with different academic backgrounds. *Language Testing*. 21, 53–73.

Ryan, K. E. & Bachman, L. F. (1992). Differential item functioning on two tests of EFL proficiency. *Language Testing 9*, 12–29.

三枝令子編著（2004）. 日本語 Can-do-statements 尺度の開発. 科学研究費補助金研究成果報告書.

Shealy, R., & Stout, W. (1993). A model-based standardization approach that separates true bias/DIF from group ability differences and detects test bias/DIF as well as item bias/DIF. *Psychometrika*, 58, 159–194.

島田めぐみ，三枝令子，野口裕之（2006）.「日本語 Can-do-statements を利用した言語行動記述の試み——日本語能力試験受験者を対象として」『世界の日本語教育』79–92，国際交流基金.

Thissen, D., Steinberg, L., & Wainer, H. (1993). "Detection of differential item functioning using the parameters of item response models." In P. W. Holland & H. Wainer (Eds.), *Differential item functioning* (pp. 67–113). Hillsdale, NJ: Lawrence Erlbaum.

渡辺直登・野口裕之（1999）.『組織心理測定論——項目反応理論のフロンティア』白桃書房.

Zwick. R. (2012). A Review of ETS Differential Item Functioning Assessment Procedures: Flagging Rules, Minimum Sample Size Requirements, and Criterion Refinement. RR-12–08. Princeton, NJ: Educational Testing Service.

【第 10 章】

Adams, R., Wu, M., & Wilson, M. (2012). ACER ConQuest 3.0.1. Melbourne, AU: ACER.

Bachman, L. F. (1990). *Fundamental Considerations in Language Testing.* Oxford, U.K.: Oxford University Press.

Brennan, R. L. (2001). *Generalizability Theory.* New York, NY: Springer.

平井洋子（2007）「主観的評定における評定基準，評定者数，課題数の効果について——一般化可能性理論による定量的研究」『首都大学東京人文学報』第 380 号 25–64.

池田央（1994）.『現代テスト理論』朝倉書店.

Linacre, J. M. (1994). *Many-facet Rasch measurement.* Chocago: MESA Press.

Linacre, J. M. (2013). *Facets Rasch measurement computer program* (*Version 3.71.*

2), Chicago: Winsteps.com.
牧野成一，中島和子，山内博之，荻原稚佳子，池崎美代子，鎌田修，斉藤真理子，伊藤とく美 (2001).『ACTFL-OPI 入門――日本語学習者の「話す力」を客観的に測る』アルク.
McGraw, K. O., & Wong, S. P. (1996). Forming inferences about some intraclass correlation coefficients. *Psychological Methods*, 1, 30–46.
McNamara (1996). *Measuring Second Language Performance*. London and New York: Addison Wesley Longman.
McNamara, T. & Knoch, U. (2012). "The Rasch wars: the emergence of Rasch measurement in language testing" in *Language Testing*. *Language Testing*, 29, 4, 555–576.
North, B. & Schneider, G. (1998). Scaling descriptors for language proficiency scales *Language Testing*. 15, 217–262.
庄司惠雄・野口裕之・金澤眞智子・青山眞子・伊東祐郎・迫田久美子・春原憲一郎・廣利正代・和田晃子 (2004).「大規模口頭能力試験における分析的評価の試み」『日本語教育』122, 42–51.
Shoji, Y., Noguchi, H., & Haruhara, K. (2004). Assessing the potential of a large-scale oral proficiency test using a checklist. *The 12th Princeton Japanese Pedagogy Forum Proceedings*, 150–159.

【第 11 章】

CEFR-J 研究開発チーム (2012).『新しい英語能力到達度指標 CEFR-J 公開シンポジウム予稿集』東京外国語大学.
Council of Europe. (2009). *Relating language examinations to the Common European Framework of Reference for Languages: Learning, teaching, assessment (CEFR). Manual*. Strasbourg, France: Language Policy Division.
吉島茂・大橋理枝 訳・編 (2004).『外国語教育 II――外国語の学習，教授，評価のためのヨーロッパ共通参照枠』朝日出版社.（原著の Appendix C: The DIALANG self-assessment scales と Appendix D: The ALTE 'Can Do' statements は含まれていない.）
Figueras, N., North, B. Takala, S., Verhelst, N., and Avermaet, P. V. (2005). Relating examinations to the Common European Framework: a manual. *Language Testing*, 22, 261–279.
Fulcher, G. (2003) *Testing second language speaking*. New York, NY: Pearson Longman.
国際交流基金 (2012).『JF 日本語教育スタンダード 2010 第二版』独立行政法人国際交流基金.
North, B. & Schneider, G. (1998). Scaling descriptors for language proficiency scales,

Language Testing, 15, 217–262.
North, B.（2000）. *The development of a common framework scale of language proficiency*. New York, NY: Peter Lang.
North, B.（2005）. The Development of a Common Framework Scale of Descriptors of Language Proficiency Based on a Theory of Measurement. *System,* 23, 445–465.
Weir, C. J.（2005）Limitations of the Common European Framework for developing comparable examinations and tests. *Language Testing,* 22, 281–300.

【第12章】
Marco, G. L.（1977）. Item characteristic curve solutions to three intractable testing problems. *Journal of Educational Measurement*, 14, 139–160.
日本語能力試験実施委員会・日本語能力試験企画小委員会監修（2003）.『平成13年度日本語能力試験分析評価に関する報告書』 国際交流基金・財団法人日本国際教育協会.
野口裕之・熊谷龍一・大隅敦子（2007）.「日本語能力試験における級間共通尺度構成の試み」『日本語教育』135, 54–63.
Noguchi, H., Kumagai, R., Osumi, A., & Wakita, T.（2008）. Comparing factor structures of the Japanese Language Proficiency Test: differences in factor structure with increasing language proficiency by native language. 15th World Congress of Applied Linguistics（AILA 2008）, Essen, Germany.
The School of Language Studies of the Foreign Service Institute.（1973）. Expected levels of absolute speaking proficiency in languages taught at the Foreign Service Institute. Arlington, VA; The Foreign Service Institute.

索　引

※本索引はアルファベット順→50音順で並んでいます。また、英語や数字で始まっていても、慣用的に日本語項目に入れたものもあります。その場合は慣用的な日本語読みに従っています。

【アルファベット順】
ALTE　125
ALTE framework　125
anchor scaling　126
battery scaling　126
calibration　126
Cambridge English Language Assessment　2
CEFR　157
CEFR-J　165
common step model（多相ラッシュ・モデルの）　152
concordance　126
DELF/DALF　4
EasyDIF　135
EasyEstimation　40
high stakes test　128
IELTS　3
Index K　135
item-step model（多相ラッシュ・モデルの）　152
judge-step model（多相ラッシュ・モデルの）　152
judge-item-step model（多相ラッシュ・モデルの）　153
Mean & Sigma 法　117
misfit　103
overfit　103

TCF　4
TOEFL-iBT　3
TOEFL-PBT　3
vertical scaling　126
VRIPQ　12

【あ行】
あて推量（ランダム・ゲシング）　52, 89
α 係数　33, 65, 150
アンカー・テストデザイン　116
ETS 基準　131
一致性　87
一般化可能性理論　155
一般化部分得点モデル　92
因子分析法　36, 174
FSI スケール　167
欧州評議会　157
重み付き κ 係数　144
重み付き適合度指標　104

【か行】
解釈基準　28
解釈的論証　49
書くこと（CEFR の）　158
学習者中心主義　158
学習者要因分散　148
過剰適合　101
間隔尺度　70

[186]

索　引

漢語水平考試　6
漢字圏学習者　174
漢字情報処理因子　176
聞くこと（CEFR の）　158
基準関連妥当性　45
希薄化修正の公式　69
客観式（の項目）　25
キューダー・リチャードソンの公式20
　　66
級内相関係数　147
境界特性曲線　92
共通項目デザイン　116
共通参照レベル　158
（級間での）共通尺度　122
共通受験者デザイン　116
局所独立の仮定　78
（英語と外国語との）距離　167
偶然誤差（ランダム・エラー）　55
κ 係数　142
計数データ　70
形態的知識　176
計量データ　70
ゲーテ独語検定　5
結果妥当性　48
言語学習の継続性　158
言語能力記述文　160
言語能力尺度　160
ケンブリッジ英検　1
構成概念妥当性　41
行動中心主義　158
項目応答カテゴリ特性曲線　92
項目応答行列　84
項目応答データ　81
項目応答理論　75
項目カテゴリ情報量　96
項目情報量　83
項目特性曲線　75

項目プール　28
項目分析　27
項目分析図　35
国際交流基金日本語試験センター　9
誤差　53
個別要素的なテスト　139
困難度　31
困難度パラメタ　77

【さ行】

最適予測　125
再テスト法　63
採点基準　142
最尤推定法　79
最尤推定値（潜在特性尺度値の）　81
残差分散　148
G-P 分析　34
JF 日本語教育スタンダード2010　165
識別力　32
識別力パラメタ　77
質的妥当化　161
実用性　13
実用中国語レベル認定試験　7
社会-認知的枠組み　46
尺度調整　125
収束的妥当性　44
集団基準　28
十分統計量　100
周辺最尤推定法　85
順序尺度　70
生涯学習　158
情報処理過程　176
真正性　19
真の得点　53
信頼性係数　58
スイス・プロジェクト　160
垂直尺度化　120

スクリーテスト 37
スピアマン・ブラウンの公式 64
3パラメタ・ロジスティック・モデル 89
正答確率 75
正答数得点 30, 70
正答率 31
絶対原点 99
Z得点 71
折半法 64
潜在特性尺度 73
潜在特性尺度値 79
全体的な尺度（CEFRの） 158
相関係数 146
測定の標準誤差 57

【た行】
対数尤度関数（潜在特性尺度値推定の） 81
多相ラッシュ・モデル 151
多値型応答モデル 91
妥当性係数の希薄化 45
妥当性論証 49
多特性－多方法分析 45
段階応答モデル 92
通過率 31
2パラメタ・ロジスティック・モデル 76
（重みなし）適合度指標 104
テスト情報量 81
テスト得点 53
テストの仕様 24
テトラコリック（四分）相関係数 40
Δ_{MH} 131
点双列相関係数 32
等化 113, 125
等化係数 115

同時最尤推定法 85
等質性 33
特異項目機能 128
得点に関する妥当性 48

【な行】
内容基準 29
内容的妥当性 46
難易度レベル 162
2値型変量 32
日本語OPI 141
日本語口頭能力試験 141
日本語能力試験 8
日本語Can-do-statements 137
論証に基づくアプローチ 49
認知的妥当性 48
年度間共通尺度 121
ノン・パラメトリック法（DIF検出のための） 129

【は行】
波及効果 21
話すこと（表現）（CEFRの） 158
話すこと（やりとり）（CEFRの） 158
パフォーマンス測定 151
パフォーマンス・テスト 140
パラメトリック法（DIF検出のための） 129
非漢字圏 174
比尺度 99
評価者間信頼性 142
評価者内信頼性 142
評価者の厳しさ（severity） 152
評価者要因分散 148
標準化適合度指標 102
標準得点 71
評定尺度モデル 110

索　引

φ 係数　38
複言語主義　157
不定性（原点と単位の）　88
不適合　101
部分的能力　158
部分得点モデル　108
不変性（項目パラメタの）　111
分割点　162
分析的なテスト　139
分析的評価　140
文脈情報処理因子　176
平均 2 乗適合度指標　102
平行測定（テスト）　59
平行テスト法　63
米国国務省外務研修所　165
ベイズ推定法　87
併存的妥当性　45
弁別的妥当性　44
包括的評価　140
母語グループ　176

【ま行】

Mantel-Haenszel 法（マンテル - ヘンツェル法）　129

名義応答モデル　92
目標言語使用領域（TLU）　17
モニター・テスト　170

【や行】

尤度関数（潜在特性尺度値推定の）　81
尤度比検定法（DIF 検出のための）　129
尤度方程式（潜在特性尺度値推定の）　81
有用性　11
予測的妥当性　45
予備テスト　26
読むこと（CEFR の）　158

【ら行】

ラッシュ・モデル　90
量的妥当化　161
リンキング　113
ロジット尺度　107
論述式（の項目）　25

【わ行】

1 パラメタ・ロジスティック・モデル　90

著者略歴

野口　裕之（のぐち　ひろゆき）
　1952年大阪府生まれ。東京大学教育学部教育心理学科卒業、東京大学大学院教育学研究科博士課程中途退学、1985年東京大学教育学博士。現在、名古屋大学大学院教育発達科学研究科教授。専門は、テスト理論、言語テスト。項目応答理論における尺度の等化、日本語教育におけるテスティング、ラッシュ・モデルを用いたパフォーマンス測定の尺度化、言語能力基準の開発などを研究。おもな論文に、『共通受験者デザインにおける Mean & Sigma 法による等化係数推定値の補正』『推定母集団分布を利用した共通受験者法による等化係数の推定』『外国語としての日本語能力測定を支えるテスト理論』『日本語能力試験における級間共通尺度構成の試み』『Can-do statements を利用した教育機関相互の日本語科目の対応づけ』『外部試験を活用した大学英語カリキュラム改革—大学入試センター試験，TOEIC，TOEFL と茨城大学共通テストとの関係』『大規模口頭能力試験における分析的評価の試み』（いずれも共著）、おもな著書に『組織心理測定論—項目反応理論のフロンティア—』（白桃書房）『項目反応理論』（東京大学出版会）『研究社日本語教育事典』（研究社）（いずれも共著・分担執筆）などがある。2011年度日本テスト学会学会賞を受賞。

大隅　敦子（おおすみ　あつこ）
　1963年兵庫県生まれ。早稲田大学政治経済学部政治学科卒業、銀行勤務を経て、東京大学大学院総合文化研究科言語情報学専攻博士課程満期退学。東京大学学術修士。現在、国際交流基金日本語試験センター研究員。専門は日本語教育、言語テスト。特に試験の社会における有用性と波及効果、エビデンスに基づいた言語テストの開発と妥当性の検証、日本語読解能力の測定、欧州における言語テスト開発事情など。おもな論文に『日本語能力試験における級間共通尺度構成の試み』（共著）『新しい「日本語能力試験」—構成概念の構築と新しいレベルの設定—』『第2言語学習者はテキストをどう読んでいるか』『日本語能力試験改定の中間報告』『専門日本語研修におけるコースデザインの検討』（共著）『日本語学習から研究活動へ—内省の中の学習過程—（研究者研修参加者へのインタビュー記録から）』『日本語能力試験における発達性ディスレクシア（読字障害）への特別措置』（共著）などがある（断りあるほかは単著）。おもな著書に、『プロフィシェンシーを育てる　真の日本語能力をめざして』（凡人社）『日本語教授法シリーズ第12巻　学習を評価する』（国際交流基金）『研究社日本語教育事典』（研究社）（いずれも共著・分担執筆）。

テスティングの基礎理論(きそりろん)

2014年8月1日　初版発行

●著者●
野口　裕之＋大隅　敦子
© Hiroyuki Noguchi, Atsuko Osumi, 2014

●発行者●
関戸雅男

●発行所●
株式会社　研究社
〒102-8152　東京都千代田区富士見2-11-3
電話　営業03-3288-7777（代）
　　　編集03-3288-7711（代）
振替　00150-9-26710
http://www.kenkyusha.co.jp/

KENKYUSHA
〈検印省略〉

●印刷所・本文レイアウト●
研究社印刷株式会社

●装丁●
寺澤彰二

ISBN978-4-327-38464-7　C3081　　Printed in Japan